JN055494

『金剛阿闍梨最上理趣』の
究竟次第

田中公明

Niṣpannakrama
of the *Vajrācāryanayottama*

Introduction, Romanized Sanskrit Text and Related Studies

Kimiaki TANAKA

渡辺出版 2021

WATANABE PUBLISHING Co., Ltd., Tokyo 2021.

ラーフラ・サーンクリトヤーヤナ

Mahāpaṇḍita Rāhula Sāṅkṛtyāyana（1893-1958）

目次(Contents)

Summary in Tibetan.......................................5

文献概説.......................................6

Introduction.......................................20

Structure and Synopsis of Niṣpannakrama.......................................35

Romanized Sanskrit Text.......................................38

Accompanying Tables.......................................74

The Göttingen Manuscipt.......................................80

付録1 (Appendix I).......................................84

付録2 (Appendix II).......................................90

ビブリオグラフィー(Bibliography).......................................92

あとがき(Postscript).......................................96

著者略歴 (About the Author).......................................102

聖龍樹

Āryanāgārjuna

(*Aṣṭasāhasrikā-prajñāpāramitā* pantheon)

Summary in Tibetan

༄༅། །བལ་ཡུལ་འཛར་མན་དཔེ་རྙིང་གཅེས་སྲུང་ལས་འཆར་ (Nepal German Manuscript Preservation Project) གྱིས་ ལེགས་སྐྱོར་རྒྱ་དཔེ་རྙིང་གྲས་ཇི་མང་བདག་གཅེས་ཉར་ཚགས་ཡོད་ པའི་ཁོངས་སུ་དྲ་ལའི་ལོ་མའི་ཐོག་བྲིས་པའི་ <བཛྲཱཙཱརྻ་ན་ཡོཏྟམ་> སྟེ་བོད་སྐད་དུ་ <རྡོ་རྗེ་སློབ་དཔོན་གྱི་ཚུལ་དམ་པ་> ཞེས་བྱ་བའི་དཔེ་ ཚན་ཞིག་བཞུགས་ཡོད། དཔེ་ཚན་དེའི་བོད་འགྱུར་བོད་ཀྱི་བཀའ་ བསྟན་ཁོངས་སུ་བཞུགས་མེད། དཔེ་ཚན་འདིར་ཁོ་བོས་ཞིབ་འཇུག་ བྱས་པར་དཔལ་གསང་བ་འདུས་པའི་རྒྱུད་ཀྱི་སྟེར་གཏོགས་པའི་ བསྟན་བཅོས་གལ་ཆེན་མང་པོ་ནས་ལུང་འདྲེན་ཇི་མང་གནང་ཡོད་པ་ ཤེས་རྟོགས་བྱུང་། ལྷག་པར་དུ་ <སྒྲུབ་ཐབས་མདོར་བྱས་པའི་དཀའ་ འགྲེལ་> དང་། <ལས་ཀྱི་མཐའ་རྣམ་པར་འབྱེད་པ་> གཉིས་ལས་ ལུང་འདྲེན་ཇི་མང་བྱུང་བ་རྣམས་ཧ་ཅང་གལ་ཆེན་པོ་རེད། གང་ལ་ཞེ་ ན། དཔེ་ཚན་དེ་གཉིས་ཀྱི་བོད་འགྱུར་ཙམ་ལས་རྒྱ་དཔེ་རྙེད་སོན་བྱུང་ མེད། དེབ་ཆུང་འདིར་<རྡོ་རྗེ་སློབ་དཔོན་གྱི་ཚུལ་དམ་པ་> ཞེས་པའི་ དཔེ་ཚན་འདིའི་སྐད་ཆའི་ཕྱེད་ཙམ་རྫོགས་རིམ་སྐོར་བཤད་པ་རྣམས་ དབྱིན་ཇིའི་ཡིག་གཟུགས་ཐོག་པར་བསྒྱུར་ཞུས་པ་ཡིན། འདིར་ལུང་ འདྲེན་ཇི་བྱུང་གི་ཐོ་གཞུང་དང་འབྲེལ་ཡོད་ཞིབ་འཇུག་ཇི་བྱས་ཀྱི་ཐོ་ འགོད་ཟུར་སྦྱོར་ཞུས་ཡོད། ཞིབ་ཕྲ་མཁྱེན་འདོད་ཡོད་ཚེ་དཔེ་དེབ་ འདིའི་དབྱིན་སྐད་སྔོན་གླེང་ Introduction) ལ་གཟིགས་རོགས་ གནང་།

文献概説

[1]はじめに

インド大乗仏教の長い歴史の中で、中観派とその空思想は、つねに主流の地位を保ちつづけてきた。この事情は、インド仏教の最終段階である後期密教においても例外ではない。

その中でも、『秘密集会タントラ』*Guhyasamāja-tantra*の解釈学派である「聖者流」は、主要な論典の作者が、Nāgārjuna、Āryadeva、Candrakīrtiというように、中観派の学匠を自称した点が注目される。

そのためインド後期大乗仏教を継承したチベット仏教のゲルク派では、宗祖ツォンカパが、顕教においては中観の帰謬論証派を正統とし、密教では『秘密集会』「聖者流」を、とくに重視するようになった。このようにゲルク派では、中観の帰謬論証派と『秘密集会』「聖者流」は、思想的に一致している、というよりむしろ、中観派の祖師たちが「聖者流」の論典をも著したという認識が、教学の大前提になっているといっても過言ではない。

後期密教の実践体系は、生起次第と究竟次第の二次第に大別される。そして「聖者流」において、生起次第の中心をなすテキストは『成就法略集』*Piṇḍīkrama*、究竟次第の根本典籍は『五次第』*Pañcakrama*であり、いずれもNāgārjunaの作とされている。[1]

これら２文献のサンスクリット(以下Skt.と略)写本は、すでに19世紀末にネパールで発見され、L. de la Vallée Poussinによって校訂テキストが刊行さ

1　このうち『五次第』の*Anuttarasandhi*のみは、Nāgārjunaの弟子とされるŚākyamitraの著といわれる。この問題については『梵語仏典の研究Ⅳ』(平楽寺書店)p.236の註48を参照。

れている。[2]また1994年には、御牧克己教授と苫米地等流氏による『五次第』の新たな校訂テキスト[3]が発表され、チベットで発見されたMuniśrībhadraの*Pañcakramaṭippaṇī*も、Jiang(蒋)、苫米地両氏によってローマ字化テキストが刊行された。[4]

いっぽうインドでは早くも1949年に、Āryadevaに帰せられる*Citta-viśuddhiprakaraṇa*の校訂テキストが、P. B. Patelによって出版された。[5]

またRāhula Sāṅkṛtyāyanaが、Candrakīrtiに帰せられる『秘密集会タントラ』の大註釈『灯作明』*Pradīpodyotana-ṭīkā*の写本をチベットで発見し、K. P. Jayaswal Instituteから校訂テキストが刊行されたことは、よく知られている。[6]

ところがこれ以外の「聖者流」の論典は、そのほとんどの原典が発見されていないか、写本の存在が知られていても、いまだ一般の研究者が利用できない状況にあった。

ところがその後、とくに生起次第系では『安立次第論』*Samājasādhana-*

2 L. de la Valée Poussin: Etudes et textes tantriques Pañcakrama, Gand & Louvain 1896.

3 Mimaki and Tomabechi: Pañcakrama(Bibliotheca Codicum Asiaticorum 8),The Centre for East Asian Cultural Studies for Unesco 1994.

4 Jiang and Tomabechi: The Pañcakramaṭippanī of Muniśrībhadra, Berne 1996.

5 P. B. Pater: Cittaviśuddhiprakaraṇa of Āryadeva, Santiniketan 1949.

6 C. Chakravarti: Guhyasamājatantrapradīpodyotanaṭīkā, Patna 1984.

vyavastholi[7]、究竟次第系では『行合集灯』*Caryāmelāpakapradīpa*[8]という重要典籍のSkt.テキストが発見され、利用できるようになった。

著者は、ネパール留学中にマイクロフィルムを入手した貝葉写本、Mahāmaṇḍalācārya Rāhulagupta[9]造の*Vajrācāryanayottama*を解読したところ、生起・究竟の両次第にわたり、「聖者流」の重要典籍を引用ないし参照しており、ここから従来Skt.写本が知られていなかったいくつかのテキストの原文が回収できることがわかった。

そこで著者は「ネパールのサンスクリット仏教文献研究－第41回学術大会における発表以後同定された断片について－」と題する論文[10](以下「田中1998」と略)において、この事実を報告し、このうち最もまとまっている

---

7 田中公明『梵蔵対照　安立次第論研究』[日英版](渡辺出版、2016)参照。

8 ネパール国立公文書館本(Bir 218=Bṛhatsūcīpatram tṛ 363)は後半部分の断片(第5章の中途～第11章、ただし末尾は欠失)で、誤ってSaṃśayaparicchedaというタイトルで登録されている。いっぽうコルカタのアジア協会本(H.P.Śāstri目録103)は前半部分の断片で、Vajrayāna-sādhanāṅgāniというタイトルで登録されている。この両断片は本来は同一写本で、CIHTS校訂本の底本となった。いっぽうChristian Wedemeyerは、Rāhula Sāṅkṛtyāyanaがチベットで発見した写本などを対校して新たな校訂テキストを刊行した。

9 Rāhulaguptaは伝記不詳。『青史』に登場するRāhulaguptavajraと同一人物とするなら11世紀、『吉祥呼金剛成就法明』(北京No.2367)の著者Rāhuguptapādaと同一人物とするなら、Vanaratnaが同書をチベット訳したことから考えて、14-15世紀頃のネパール人という可能性がある。なおA.Wayman, *Yoga of the Guhyasamājatantra*, Delhi 1977は、navarasaの解釈について『吉祥呼金剛成就法明』を参照しているが、「聖者流」との直接の関係はなさそうである。

10『印度学仏教学研究』46-2, 1998所収。

Nāgabodhi/Nāgabuddhi[11]の『曼荼羅儀軌二十』*Śrīguhyasamājamaṇḍalopāyikā-viṃśatividhi*について、Skt.写本と『チベット大蔵経』所収本の対照結果を公表した。さらに著者は、2008年に東京大学大学院に提出した博士論文の第2部において、『曼荼羅儀軌二十』全文のローマ字化テキストを公表[12]した。

いっぽう2000年には、*Vajrācāryanayottama*の究竟次第を概観した論文[13](以下「田中2000」と略)を発表したが、*Vajrācāryanayottama*のそれ以外の部分については、ローマ字化テキストを発表することができなかった。

ところが田中2000の刊行後、「聖者流」の重要典籍のSktテキストが多く刊行され、利用できるようになった。さらに苫米地等流・Harunaga Isaacson両氏から、ゲッチンゲン大学図書館所蔵のSanskrit Manuscipt Xc14/30の一部が、*Vajrācāryanayottama*に相当するとの教示を受けた。そこで2002年のヨーロッパ調査の折にCD-Romを購入し、カトマンドゥ写本と比較してみたが、*Viṃśatividhi*に対応する部分は見いだされなかった。しかし田中2000で取り上げた究竟次第に関する部分は、ゲッチンゲン写本に、ほぼ対応することが確認できた。そこで、これらの新資料に基づき先の論文を大幅に改訂し、ここ

11　Nāgabodhiは、真言八祖の龍智と同名であるが、同一人物か否かについては、よくわかっていない。また写本によってはNāgabuddhiとも綴られる。チベットでは、ツォンカパが、インドに留学してKlu byaṅ、すなわち龍智から「聖者流」の難点を学ぼうとしたという逸話があり、龍智の長寿伝説が広く流布していたことがわかる。

12 田中公明『インドにおける曼荼羅の成立と発展』(春秋社、2010年)pp.551-716.

13　田中公明「中観派を自称した密教者たち=『秘密集会』聖者流の思想と実践体系−新出のSkt.写本*Vajrācāryanayottama*から回収されたtextを中心に−」江島恵教博士追悼論集『空と実在』(春秋社CD-ROMブック、2000年).

に日英二カ国語版のモノグラフとして刊行することにした。

[2] 写本の状態

田中1998で紹介したように、*Vajrācāryanayottama*は46葉からなる貝葉写本で、Nepal German Manuscript Preservation Project（以下NGMPPと略）が撮影した個人コレクションの中でも出色の文献である。

なお本写本にはフォリオ番号がない、あるいは写真からは判読できず、表裏が判別できないので、マイクロフィルム２齣目上段に撮影された面を2a、下段を2bとし、以下便宜的に番号を付している。したがって2aと2bは、一葉の表裏ではないことに注意していただきたい。

またフォリオ番号がないため、NGMPPによる撮影の時点で、すでに各フォリオの順序は、収拾のつかない混乱を示していた。

著者は、46葉の写本を筆跡からＡ（４葉）Ｂ（22葉）Ｃ（20葉）の３グループに分類した。Aに属する2aには、金剛薩埵に帰敬した後、「グルの御足に敬礼し、三宝に深く帰依して、伝承によって正しく金剛阿闍梨の最上理趣を記してください」gu[ror] pādāmbujaṃ natvā bhaktyā ratnatrayaṃ tataḥ/ āmnāto likhyatu samyag vajrācāryanayottamaḥ//とあるので、これが冒頭であることが分かるが、ゲッチンゲン写本には対応する部分が見当たらない。いっぽう末尾は、C群に属する46bである。したがって本来*Vajrācāryanayottama*と呼ばれていたのは、筆跡は異なるもののＡ群とＣ群であり、*Viṃśatividhi*を含むＢ群は別文献であった可能性がある。

そしてＢ、Ｃ群からは『秘密集会』「聖者流」に関する貴重な断片が多数回収された。本書では、このうちＣ群を取り上げる。

いっぽうゲッチンゲン大学図書館所蔵のSanskrit Manuscipt Xc14/30は、(a), (b), (c)の３つのセクターからなるが、*Vajrācāryanayottama*は、このうち(b)

の最初の９齣に相当する。なお本書で取り上げる究竟次第の部分は、ゲッチンゲン写本では、40bから59bに相当する。なおゲッチンゲン写本の生起次第を扱った前半については、苫米地氏による概説[14]が発表されているが、カトマンドゥ写本とはかなり異なっている。

[3] 写本の接続状況

上述のようにＣ群の写本は20葉からなるが、調査の結果、このうちの９葉が、後期密教の実践体系の中でも近年注目を集めている、究竟次第系のトピックを扱っていることがわかった。

究竟次第の記述は、8a3から始まる。それ以前は生起次第系のトピックを扱い、8a3にiti pratyaṅgirā tathādhikāraḥ//とあって、pratyaṅgirasの儀軌が終了したことが示される。なおpratyaṅgirasの儀軌は、7b7から始まるので、7bは8aの表であることがわかる。

その後、pūrvvoktāni rakṣādīni tatvena vinā na sidhyanti(前述の守護等[の諸儀軌]は、真実[への理解]がなければ成就しない)[15]と述べて、究竟次第系のトピックを導入する。

なお後述するように、8aの後半部はVibhūticandraの『成就法略集細疏』*Piṇḍīkṛtasādhanapañjikā*（北京No.2701）とパラレルになっており、同じＣ群に属する22bに接続することがわかった。いっぽう23aは、フォリオの形状から見て22bの裏と思われる。

これに対して29aは、その最下段でtathā coktaṃ āryanāgārjunapādaiḥと記し

14　苫米地等流「いわゆる*Vajrācāryanayottama*について―新出関連写本の紹介―」『密教図像』第23号、2004.

15　なおこの一文も、後述の『成就法略集細疏』からの引用と思われる。

て『五次第』Ⅲ24[16]を引用するが、この偈の末尾が27aの冒頭部に見えるので、29aと27aは接続していることがわかる。いっぽう28bは形状から見て29aの表と考えられ、同様にして26bは27aの裏と考えられるから、28b→29a→27a→26bの順で、写本が連続していることがわかる。

さらに26bは、その最下段で『五次第』Ⅱ29を中途まで引用する。これに対して42bは、冒頭の10文字ほどが判読不能であるが、判読できる最初の部分は、『五次第』Ⅱ30の冒頭なので、26bに接続することがわかる。いっぽう43aは、フォリオの形状から見て42bの裏と思われる。

この43aは、その最下段で『五次第』Ⅳ3を中途まで引用するが、これは32aに接続している。そして31bは、形状から見て32aの裏と思われる。

31bは、その最下段で『五次第』Ⅱ69の最初の1字までを記している。これに対して29bは、冒頭の13文字ほどが判読不能であるが、判読できる最初の部分は、『五次第』Ⅱ69の後半なので、31bに接続することがわかる。いっぽう30aは、写本の形状から見て31bの裏と思われる。

この30aは、「聖者流」の究竟次第の最終段階であるyuganaddhakramaを扱っている。ところが*Vajrācāryanayottama*の最終フォリオである46b[17]は、写本の損傷が著しく、全体の半分ほどしか判読できないが、ゲッチンゲン写本との比較から、これに引き続くフォリオであることが確認できた。

したがってC群を構成する写本は、28b→29a→27a→26b→42b→43a→32a→31b→29b→30a→46bの順で連続していることがわかった。23aと28bが直接接続することは、対応するゲッチンゲン写本から確認できる。したがって本文献の説く究竟次第の全貌は、ほぼ明らかになったといっても過言ではない。

---

16 『五次第』の偈番号については、御牧・苫米地上掲註3書によっている。

17 裏面は白紙だったのか、NGMPPのmicrofilmには撮影されていない。

なお各フォリオの接続状況については、科文と付表を参照されたい。

[4] 本文献に見られる引用文の検討

それでは、今回取り上げた部分に引用される文献を概観してみよう。なお本文献の複雑な引用関係を整理するために、表[18]を作成した。あわせて参照されたい。

まず『秘密集会』系のテキストでは、『秘密集会タントラ』(uttaratantraを含む)、釈タントラの『四天女請問』*Caturdevīparipṛcchāmahāyogatantra*、『五次第』、『成就法略集細疏』、『行合集灯』、*Karmāntavibhāga*、*Svādhiṣṭhānakramaprabheda*、『安立次第論』などのテキストが、引用ないし参照(文献名に言及しないものも含む)されている。

また*Guhyendutilakatantra*からの引用は、後期密教系の秘密灌頂に用いられる偈で、『灯作明』など複数のテキストに引かれている。[19]

いっぽう密教以外では、『入楞伽経』*Laṅkāvatārasūtra*、『三昧王経』*Samādhirājasūtra*、『聖八千頌(般若)』*Āryāṣṭasāhasrikā*、『如来秘密蔵経』*Tathāgataguhyakoṣa(sic)sūtra*などの大乗仏典が引用されている。

このうち『入楞伽経』等からの引用は、『行合集灯』からの孫引きと考えられるが、『如来秘密蔵経』からの引用は注目に価する。この部分は、Śāntidevaの*Śikṣāsamuccaya*[20]、編者不明の*Subhāṣitasaṃgraha*[21]、そして『行合集灯』にも引用されるが、引用文を比較すると語句にかなりの出入があり、

18 『行合集灯』については、Wedemeyer校訂本のパラグラフ番号を付した。

19 桜井宗信『インド密教儀礼研究』(法藏館、1996年) p.182.

20 *Śikṣāsamuccaya* (Buddhist Sanskrit Texts-No.11), Darbhanga 1961, p.96.

21 Cecil Bendall: *Subhāṣitasaṃgraha*, London 1905, pp.69-70.

単なる孫引きとは考えられない。

これらのparallel passageの中では、『五次第』からの引用が最も多く、全体の半分ほどを占めている。

しかし出典を『五次第』と明示した箇所は一つもなく、「anuttarasandhiに曰く」「sarvaśuddhiviśuddhikramaに曰く」として第二次第を引き、「聖龍樹曰く」として第三次第、第四次第を引用する以外は、出典を明示していない。これは『行合集灯』など、「聖者流」の古い層に属する文献の特徴である。[22]

また本文献の末尾には、第五次第からの引用がいくつか見られるが、一々の語句を比較すると、現行の第五次第と、かなりの相違が認められる。

さらに第三次第の後に第二次第を引き、第四次第の後に再び第二次第を引用するなど、全体の論述は『五次第』の構成とは異なっている。したがって本文献は、『五次第』から最も多くの偈を引用するにもかかわらず、その逐語的註釈とは考えられない。

いっぽう『成就法略集』からは第217偈が引用されているが、その前後のSkt.を検討したところ、Vibhūticandra造『成就法略集細疏』とパラレルであることがわかった。同著は生起次第を扱った『成就法略集』の註釈であるが、その末尾に究竟次第を略述した部分があり、そこから広範囲に引用がなされている。

『成就法略集細疏』のチベット訳奥書には、プトゥン1290-1364がdpa' bo (庚辰)年すなわち1340年に、シャル寺の奥の院リプクRi phugで、rgya dpe

---

22　本文献に見られる引用は、「聖者流」の古層に属するテキストに類似しているが、12-13世紀に活躍したVibhūticandraの『成就法略集細疏』からparallel passageが発見されたことや、同じC群に属する25aに*Ḍākinīvajrapañjara*からの引用があることから考えて、13世紀以後にネパールで編集されたと考えるのが妥当と思われる。

(梵本)に基づいて訳したとあり、14世紀半までチベットに原本が存在したことがわかるが、現在は梵本が１本も知られていないので貴重である。

また『五次第』についで多く引用される『行合集灯』でも、「聖提婆曰く」として第１章を引用する以外は、出典を明示していない。しかしその次第を見ると、前述の『成就法略集細疏』とパラレルな部分を除けば、第４章から第８章まで、ほぼ『行合集灯』の次第にしたがって論述が展開している。したがって本文献は主として『行合集灯』に依りながら、『五次第』や他の『秘密集会』「聖者流」のテキストを参照しつつ、「聖者流」の究竟次第を略述したものと見ることができる。

なお『行合集灯』と『安立次第論』は、弟子とVajrācāryaによる質疑応答praśnottaraという形式で論述が進行する。ところが本文献では、29b5のみiti praśnaḥと質問にも言及しているが、他の部分では、質問がすべて省略され、回答の部分のみが抽出されている。

『行合集灯』とパラレルな箇所を、CIHTS本、Wedemeyer校訂本と対照すると、完全に一致する部分と、一部の語句を省略して大意を抄出している部分がある。また『行合集灯』は、他の顕密の典籍を広範囲に引用しているが、本文献では、これらの引用の大半が省略されている。なお本写本が引用した文献からの二次的引用については、付表の「二次的な引用」Secondary Citationsの欄に示したので参照されたい。

つぎに*Karmāntavibhāga*は、Nāgabodhi/Nāgabuddhiに帰せられる「聖者流」の重要典籍で、従来は、『灯作明』に引用された１偈半のみSkt.原文が知られていた。本文献には「*Karmāntavibhāga*に曰く」として１回、「Nāgabuddhipāda曰く」として１回、都合２回引用されている。

また「聖提婆曰く」として、Āryadevaに帰せられる第四次第(自加持次第)のテキスト*Svādhiṣṭhānakramaprabheda*の第17偈が引用されている。CIHTSから刊行されたテキスト[23]と比較すると、CIHTS版が補ったpāda Cが全く異なるが、本テキストの方が正しい読みであると思われる。

さらに文献名には言及していないが、28b1-4の間に『安立次第論』第1章の一部を抄出したと思われる部分がある。今回取り上げた部分で『安立次第論』に対応するのは、この1箇所だけである。

[5] 全体の構成

つぎに、本文献に見られる究竟次第の構成を概観してみよう。

残念ながら本文献には、明確な分科は見られない。その中で唯一章題と思われるものが、29b3に見られる。そこではiti prabhāsvarakramaḥとして二重ダンダを記入した後、idānīṃ satyadvayādvaidīkāralakṣaṇaḥ sarvvadvandva-vivarjjitaḥ/ yuganaddhakramo avatāryate(いまや二諦を不二となす特相をもち、一切の二元対立を離れた双入次第に入る)とある。

これによって29b3より前がprabhāsvarakramaの異名をもつ第四次第、これ以後がyuganaddhakramaとして知られる第五次第に相当することがわかる。

これに対して第三次第(自加持次第)と第四次第(楽現覚次第)がどこから始まるかは、テキストには明確に示されない。しかし『五次第』の体系では、第三次第の冒頭には秘密灌頂、第四次第の冒頭には般若智灌頂の次第が置かれるのが、通例である。

そして本写本では、秘密灌頂に相当する次第は28b7、般若智灌頂に相当する次第(なおテキスト上には「般若智灌頂」の名は現れない)は43a6から始まっている。したがって28b7以前が第二次第(心清浄次第)、それ以後が第三次第(秘密灌頂を含む)、43a6から29b3までが第四次第(般若智灌頂を含む)に相

23 J. Pandey: *Bauddhalaghugrantha-samgraha*, Sarnath 1997, pp.169-194.

当することがわかる。

また身清浄次第と第一次第(金剛念誦次第)、第二次第の境目も明確でない。これは、前述の『成就法略集細疏』から、身清浄・第一・第二の三次第を略述した部分を広範囲に引用しているためである。

そこで付表では、身清浄次第と第一次第の境界を、いちおう8bと22bの間に置き、第二次第に対応する『行合集灯』Ⅳからの引用から第二次第に配当したが、これについては再検討の余地がある。

[6] ローマ字化テキストについて

それでは38頁以下に、*Vajrācāryanayottama*のうち究竟次第を説いた部分のローマ字化テキストを掲載することにする。なお(8a3)はカトマンズ写本のマイクロフィルムの齣番号と行番号、{40b3}はゲッチンゲン写本のフォリオと行番号である。

本写本はネパール系写本の常としてbaとvaの区別が無く、saとśaもしばしば混同されている。virāmaも大半が欠落しているが、注記することなく適宜訂正した。また写本では、tattva, sattvaが常套的にtatva, satvaとなり、rephaの直後の子音(とくに有声音)が重複するなど、現在とは異なった正書法が見られるが、本稿ではそのまま転写し、誤植と紛らわしい箇所のみ(*sic*)を付した。

テキストの汚損、欠失箇所を修補した部分は[　]でくくり、現在のところ修補不可能な部分は、[ｱｷ]とした。これに対して{ }は、写本に存在する文字や記号が不要であることを示し、{_ _}とした箇所では、不要な文字が抹消記号parimārjitasaṃketaによって削除されていることを示している。

[7] 付表・付録について

本書で参照した*Vajrācāryanayottama*のカトマンズ写本は、NGMPPが撮影したあと行方不明になっている。私も何度か写本の捜索を試みたが、実見することができなかった。

しかしその後、46葉のうち43葉が、*Akṣasūtrapratiṣṭhāvidhi*[24]のタイトルで、別に撮影されていることが分かった。そこでNGMPPが撮影した写真と、本書で使用した究竟次第関係の写本の対照表、*Vajrācāryanayottama*と*Akṣasūtrapratiṣṭhāvidhi*の対照表、さらにラーフラ・サーンクリトヤーヤナが撮影したゲッチンゲン写真における、究竟次第の写本の位置を示した図も掲載した。

さらに本書では、*Vajrācāryanayottama*に引用された文献のうち、サンスクリット写本が発見されていない『成就法略集細疏』と*Karmāntavibhāga*については、付録に対応するチベット訳と対照させた。とくに『成就法略集細疏』は、プトゥンがインドのパンディトの協力を得ず、一人で訳出したものなので、誤読あるいは誤訳が、かなりの箇所に見られる。そこでこれらについても脚注で説明している。

24 NGMPP: E34002, Reel No. E1752/3.

ヴェツラー教授、エアハルト博士と著者

Prof. Albercht Wezler, Dr. F. K. Ehrhald and Myself

at Nepal Reseach Centre

(1989)

The *Niṣpannakrama* of the *Vajrācāryanayottama*

Introduction

(1) Preamble

In the long history of Indian Mahāyāna Buddhism, the Mādhyamika school and its idea of emptiness always occupied a mainstream position. This also applied to the final stage of Indian Buddhism, late tantric Buddhism. In late tantric Buddhism, it is notable that in the Ārya school of the *Guhyasamājatantra* major authors of treatises styled themselves as patriarchs of the Mādhyamika school, such as Nāgārjuna, Āryadeva and Candrakīrti.

Therefore, in the dGe lugs school of Tibetan Buddhism, the Ārya school of the *Guhyasamājatantra* is highly rated since the founder Tsoṅ kha pa considered the Prāsaṅgika branch of the Mādhyamika school to represent the orthodoxy of exoteric Buddhism. Thus, in the view of the dGe lugs school, the Mādhyamika school and the Ārya school of the *Guhyasamājatantra* are in philosophical accord. Or rather, it is no exaggeration to say that their view is based on the assumption that patriarchs of the Mādhyamika school themselves composed the treatises of the Ārya school.

The practice of late tantric Buddhism consisted of the *utpattikrama*, the process of generation, and the *niṣpannakrama,* the process of completion. In the Ārya school, the basic text of the *utpattikrama* is the *Piṇḍīkrama,* while the basic text of the *niṣpannakrama* is the *Pañcakrama*, both of which are attributed to Nāgārjuna.[1]

Sanskrit manuscripts of these two texts from Nepal had been identified in the

1 The *Anuttarasandhi* of the *Pañcakrama* is attributed to Nāgārjuna's disciple, Śākyamitra.

late nineteenth century, and L. de la Vallée Poussin published editions based on them.[2] In 1994, a new edition of the *Pañcakrama* was published by K. Mimaki and T. Tomabechi.[3] Furthermore, Z. Jiang and T. Tomabechi published a romanized edition of the *Pañcakramaṭippaṇī* by Muniśrībhadra, based on a manuscript newly identified in Tibet.[4]

In India, as early as 1949, P. B. Patel published a Devanāgarī edition of the *Cittaviśuddhiprakaraṇa*, attributed to Āryadeva.[5]

It is well-known that Rāhula Sāṅkṛtyāyana discovered a Sanskrit manuscript of the *Pradīpodyotana-ṭīkā*, the great commentary on the *Guhyasamājatantra* attributed to Candrakīrti in Tibet, and later the K. P. Jayaswal Institute published a Devanāgarī edition of this work.[6]

However, most of the Sanskrit texts belonging to the Ārya school, except for the above-mentioned, had not been published or were not accessible to researchers even though the existence of the manuscripts was known.

Thereafter, Sanskrit manuscripts of important treatises such as the *Samājasādhanavyavastholi*,[7] dealing with the *utpattikrama*, and the *Caryā-*

2 L. de la Vallée Poussin, *Etudes et textes tantriques: Pañcakrama* (Gand & Louvain, 1896).

3 K. Mimaki and T. Tomabechi, *Pañcakrama*, Bibliotheca Codicum Asiaticorum 8 (Tokyo, 1994).

4 Z. Jiang and T. Tomabechi, *The Pañcakramaṭippanī of Muniśrībhadra* (Bern, 1996).

5 P. B. Patel, *Cittaviśuddhiprakaraṇa of Āryadeva* (Santiniketan, 1949).

6 C. Chakravarti, *Guhyasamājatantra-pradīpodyotanaṭīkā* (Patna, 1984).

7 K. Tanaka, *Samājasādhana-vyavastholi of Nāgabodhi/Nāgabuddhi* (Tokyo, 2016).

melāpakapradīpa,[8] dealing with the *niṣpannakrama*, had been discovered and had become available.

During my period of study in Nepal, I acquired a microfilm of a Sanskrit manuscript called *Vajrācāryanayottama* by Mahāmaṇḍalācārya Rāhulagupta.[9] After deciphering it, I discovered that it quotes from many important texts belonging to both the *utpattikrama* and the *niṣpannakrama* of the Ārya school, and from these passages the original Sanskrit of many important texts that had been unknown up until then could be restored. I then published an article titled

---

8 The National Archives Nepal manuscript (Bir 218 = *Bṛhatsūcīpatram* tṛ 363) is a fragment of the second half (from halfway through chapter 5 to chapter 11, with the end missing) and is wrongly registered as the *Saṃśayapariccheda*. The Asiatic Society (Kolkata) manuscript (H. P. Śāstri catalogue No. 103) is a fragment of the first half, registered under the title *Vajrayānasādhanāṅgāni*. Originally, they belonged to the same manuscript, and the CIHTS edition was based on them. Christian Wedemeyer, on the other hand, published a new edition by referring to another manuscript that Rāhula Sāṅkṛtyāyana had discovered in Tibet.

9 Details of the life of Rāhulagupta are unknown. If he is the same person as Rāhulaguptavajra who appears in the *Blue Annals*, he would have been active in the eleventh century. On the other hand, if he is the same person as Rāhuguptapāda, the author of the *Prakāśa-nāma-śrīhevajrasādhana* (Peking No. 2367), he may have been active during the fourteenth to fifteenth centuries in Nepal since it was translated by Vanaratna. A. Wayman refers to this work in connection with the interpretation of the nine tastes (*navarasa*) in his *Yoga of the Guhyasamājatantra* (Delhi, 1977), but it seems to be unrelated to the Ārya school.

"Newly Identified Buddhist Tantric Manuscripts from Nepal" (Tanaka 1998)[10] and reported on the existence of this manuscript. I also included a comparative table of this manuscript and the Tibetan translation of the *Śrīguhyasamāja-maṇḍalopāyikā-viṃśatividhi* (hereafter: *Viṃśatividhi*) by Nāgabodhi/ Nāgabuddhi,[11] almost all the verses of which are preserved in the manuscript.

I subsequently published the full romanized text of the *Viṃśatividhi* in Part II of my doctoral dissertation (Tanaka 2010).[12] In 2000, I published an article surveying the part of the *Vajrācāryanayottama* which deals with the *niṣpannakrama* (hereafter Tanaka 2000).[13] However, I was unable to publish the romanized text of other parts of the *Vajrācāryanayottama.*

After the publication of Tanaka 2000, many Sanskrit texts belonging to the Ārya school became available. Moreover, Toru Tomabechi and Harunaga

---

10 *Journal of Indian and Buddhist Studies* 46-2 (1998), pp. 913–909.

11 Nāgabodhi has the same name as one of the eight patriarchs of the Japanese Shingon sect, but it is not clear whether they are one and the same person. In manuscripts his name is given not as Nāgabodhi but as Nāgabuddhi. Nāgabuddhi also appears in the Kathmandu manuscript of the *Vajrācāryanayottama*. In Tibet, there is a legend that Tsoṅ kha pa wished to visit India to study the *Guhyasamāja* under Klu byaṅ, namely, Nāgabodhi. This suggests that the legend of Nāgabodhi's longevity was widely known in Tibet.

12 K. Tanaka, *Genesis and Development of the Maṇḍala in India* (Tokyo, 2010), pp. 551–716.

13 K. Tanaka, "Self-Styled Mādhyamika Tantrists: The Thought and Practices of the Ārya School of the Guhyasamāja Cycle," in *Śūnyatā and Reality: Volume in Memory of Professor Ejima Yasunori* (CD-Rom) (Tokyo, 2000).

Isaacson kindly informed me that a part of Sanskrit Manuscript Xc14/30 in the possession of Göttingen University corresponds to the *Vajrācāryanayottama.* I then visited Göttingen and purchased a CD-Rom with digital data of the manuscript in 2002. Upon examining it, I noticed that the part corresponding to the *Viṃśatividhi* does not exist in the Göttingen photographs. However, I found the part corresponding to the *niṣpannakrama* of the Kathmandu manuscript. I accordingly revised my previous study on the basis of the above-mentioned new materials and published it as a bilingual monograph in Japanese and English.

(2) Condition of the Manuscript

As I explained in Tanaka 1998, the manuscript of the *Vajrācāryanayottama* (NGMPP, Reel No. E920/12) consists of 46 palm leaves and is one of the more outstanding texts in the private collection photographed by the Nepal German Manuscript Preservation Project (NGMPP).

The recto and verso sides cannot be determined from the photograph since it does not contain folio numbers or else the folio numbers have become illegible. For convenience' sake, I have called the folio photographed at the top of frame No. 2 "2a" and the folio photographed at the bottom of frame No. 2 "2b." Therefore, 2a and 2b in the Kathmandu manuscript are not the recto and verso of the same folio.

Since it does not contain folio numbers, the order of folios was chaotic when it was photographed by the NGMPP. On the basis of the handwriting, I have divided the Kathmandu manuscript into three groups: A (4 folios), B (22 folios), and C (20 folios).

On 2a, belonging to A group, after a salutation to Vajrasattva, the text continues: "bowing at the Guru's feet, deeply taking refuge in the Three Jewels, and on the basis of tradition, I ask [the Guru] to record properly the highest conduct of *vajrācāryas*" (*gu[ror] pādāmbujaṃ natvā bhaktyā ratnatrayaṃ tataḥ/ āmnāto likhyatu samyag vajrācāryanayottamaḥ//*). This suggests that 2a is the start of the *Vajrācāryanayottama*. However, there is no parallel passage in the Göttingen photographs.

Meanwhile, the end of the text is 46b, belonging to group C. Therefore, the text originally called *Vajrācāryanayottama* corresponds to groups A and C even though the handwriting is different. Group B, including the *Viṃśatividhi*, may be an originally different text.

Important quotations from treatises belonging to the Ārya school are found in groups B and C. All the folios taken up in this monograph belong to group C.

Sanskrit Manuscript Xc14/30 in the possession of Göttingen Library, on the other hand, consists of three sectors: (a), (b) and (c). The *Vajrācāryanayottama* corresponds to the first nine frames of sector (b) of the Göttingen photographs.

The section on the *niṣpannakrama* covers 40b to 59b. Tomabechi has already published an overview of the contents of the first half of the Göttingen manuscript, which explains the *utpattikrama*. According to Tomabechi,[14] the contents of the *utpattikrama* of the Göttingen manuscript differ considerably from the Kathmandu manuscript.

14 T. Tomabechi, "On the So-called *Vajrācāryanayottama*: A Sanskrit Manuscript of a Related Text," *The Mikkyō Zuzō* 23 (2004).

(3) Order of Folios

As explained above, the manuscript of group C consists of 20 folios, 9 folios of which turn out to explain the *niṣpannakrama*, which has drawn considerable attention from researchers of tantric Buddhism in recent years.

The description of the *niṣpannakrama* begins at 8a3, prior to which topics belonging to the *utpattikrama* have been explained. It says: "The above is the section on exorcism" (*iti pratyaṅgirā tathādhikāraḥ//*). This shows that the explanation of *pratyaṅgiras* is finished. This explanation begins at 7b7, and therefore 7b is the recto of 8a.

Thereafter, it introduces topics related to the *niṣpannakrama*, saying: "The above-mentioned rituals beginning with protection are never successful without [understanding] the truth" (*pūrvvoktāni rakṣādīni tatvena vinā na sidhyanti*).[15]

As explained below, the second half of 8a has a parallel in the *Piṇḍīkṛta-sādhanapañjikā* (Peking No. 2701) and continues to 22b, which belongs to the same group C. Judging from the shape of the folio, 23a is the verso of 22b.

At 29a7, it says, "Holy Nāgārjuna said as follows" (*tathā coktaṃ āryanāgārjunapādaiḥ*), and quotes *Pañcakrama* III.24.[16] The end of this verse is found at the beginning of 27a, and therefore 29a turns out to continue to 27a.

Judging from the shape of the folio, 28b is the verso of 29a. Likewise, 26b is thought to be the verso of 27a. Therefore, the order of the folios is as follows: 28b→29a→27a→26b.

15 This section is also a quotation from the *Piṇḍīkṛtasādhanapañjikā* mentioned below.

16 The verse numbers of the *Pañcakrama* given here and below follow the numbering of Mimaki and Tomabechi, *Pañcakrama*.

Furthermore, 26b8 quotes the beginning of *Pañcakrama* II.29, and 42b1, although the first 10 syllables are illegible, begins with *Pañcakrama* II.30. Therefore, 26b continues to 42b, and judging from the shape of the folio, 43a is the verso of 42b.

43a8 quotes *Pañcakrama* IV.3 and continues to 32a. Judging from the shape of the folio, 31b is the verso of 32a.

31b8 has the first syllable of *Pañcakrama* II.69, and 29b1, although the first 13 syllables are illegible, quotes the second half of *Pañcakrama* II.69. Therefore, 31b continues to 29b. Judging from the shape of the folio, 30a is the verso of 31b.

30a explains *yuganaddhakrama*, the final stage of the *niṣpannakrama*. However, about half of 46b,[17] the final folio of the *Vajrācāryanayottama,* is illegible because of damage. But through comparison with the Göttingen manuscript, I could confirm that 30a continues to 46b.

Therefore, the order of the folios belonging to group C is as follows: 28b→ 29a→27a→26b→42b→43a→32a→31b→29b→30a→46b. When I published Tanaka 2000, it was unclear whether 23a directly continued to 28b, but I have been able to confirm this through comparison with the Göttingen manuscript. Thus, it is no exaggeration to say that the entire contents of the *niṣpannakrama* of the *Vajrācāryanayottama* have now been revealed.

For the order of the folios, reference should be made to the synopsis and accompanying table.

17 The NGMPP did not photograph the verso of 46b, which may have been blank.

(4) Quotations Found in the *Vajrācāryanayottama*

Let us now survey the texts cited in the section on the *niṣpannakrama.* I have prepared a table[18] to clarify the complicated relationships between quotations in this text (see pp. 35-37.).

First, regarding the Guhyasamāja cycle, the *Guhyasamājatantra* (including the *uttaratantra*), the *Caturdevīparipṛcchāmahāyogatantra* (an explanatory tantra), the *Pañcakrama,* the *Piṇḍīkrama,* the *Caryāmelāpakapradīpa,* the *Karmānta-vibhāga,* the *Svādhiṣṭhānakramaprabheda,* and the *Samājasādhanavyavastholi* are quoted, sometimes without mentioning the textual source.

A quotation from the *Guhyendutilakatantra* is used for the secret initiation of late tantric Buddhism. The same quotation is also found in the *Pradīpodyotana* and other works.[19]

As for exoteric Buddhism, Mahāyāna sūtras such as the *Laṅkāvatārasūtra*, the *Samādhirājasūtra*, the *Āryāṣṭasāhasrikā*, and the *Tathāgataguhyakoṣa*(sic)*sūtra* are quoted.

Among these sūtras, quotations from the *Laṅkāvatārasūtra* and so on are thought to have been quoted at second hand from the *Caryāmelāpakapradīpa.* The quotation from the *Tathāgataguhyakoṣa*(sic)*sūtra* is noteworthy in that it is

---

18 For quotations from the *Caryāmelāpakapradīpa*, I have used the paragraph numbers of Wedemeyer's edition.

19 M. Sakurai, *Indo mikkyō girei kenkyū—kōki Indo mikkyō no kanjō shidai* [A study of tantric Buddhist ritual: *Abhiṣeka* rites in late tantric Buddhism] (Kyoto, 1996), p. 182.

also quoted in the *Śikṣāsamuccaya*[20] by Śāntideva, the *Subhāṣitasaṃgraha*[21] by an unknown author, and the *Caryāmelāpakapradīpa*. However, if we compare these quotations, there are considerable differences between them, which suggests that they were not quoted at second hand.

Among parallel passages, quotations from the *Pañcakrama* are the most numerous, and they account for about half of all the quotations. But there are no instances in which the textual source is specified as the *Pañcakrama*. The second stage is quoted as the *anuttarasandhi* or the *sarvaśuddhiviśuddhikrama*, and the third and fourth stages as "Āryanāgārjuna." Except for these cases, the textual source is not specified. This is a characteristic of early treatises belonging to the Ārya school such as the *Caryāmelāpakapradīpa*.[22]

At the end of the text, there are several quotations from the fifth stage. If we compare individual words, there are considerable differences with the current version of the fifth stage.

Moreover, the second stage is quoted after the third stage, and the second stage after the fourth stage. Thus, the arrangement of topics is different from the structure of the *Pañcakrama*. Therefore, it is far from a word-for-word

---

20 *Śikṣāsamuccaya*, Buddhist Sanskrit Texts 11 (Darbhanga, 1961), p. 96.

21 Cecil Bendall, *Subhāṣitasaṃgraha* (Louvain, 1905), pp. 69–70.

22 Quotations found in this text are similar to early treatises belonging to the Ārya school. However, a parallel with the *Piṇḍīkṛtasādhanapañjikā* by Vibhūticandra (12th–13th century) was found, and a quotation from the *Ḍākinīvajrapañjara* was also found in 25a, which belongs to the same group C. In my view, this text was compiled in Nepal after the thirteenth century.

commentary on the *Pañcakrama* even though it frequently quotes from the *Pañcakrama*.

As for the *Piṇḍīkrama*, v. 217 is quoted. But judging from the context, it is a quotation from the *Piṇḍīkṛtasādhanapañjikā* by Vibhūticandra, which is a commentary on the *Piṇḍīkrama* explaining the *utpattikrama*. However, at the end it summarizes the *niṣpannakrama*, and the *Vajrācāryanayottama* quotes extensively from this part.

According to the colophon of the Tibetan translation of the *Piṇḍīkṛtasādhanapañjikā,* Bu ston (1290–1364) translated it at Ri phug, the retreat of Źa lu monastery, in the year *dpa' bo* (庚辰), i. e. 1340 A.D., on the basis of a Sanskrit manuscript (*rgya dpe*). This suggests that a Sanskrit manuscript existed in Tibet in the middle of the fourteenth century, which is important since the Źa lu manuscript has now been lost.

Sources are also not mentioned in the case of the *Caryāmelāpakapradīpa*, which is the most frequently quoted text after the *Pañcakrama*, except for one occurrence of "Āryadeva said." However, I noticed that the structure of this text except for the above-mentioned quotation from the *Piṇḍīkṛtasādhanapañjikā,* mainly follows that of chapters 4 to 8 of the *Caryāmelāpakapradīpa.* Therefore, this text provides an overview of the *niṣpannakrama* of the Ārya school, mainly on the basis of the *Caryāmelāpakapradīpa*, but also with reference to other treatises such as the *Pañcakrama*.

The *Caryāmelāpakapradīpa* and the *Samājasādhanavyavastholi* consist of questions and answers (*praśnottara*) between a Vajrācārya and a disciple. However, in this text most of the questions have been omitted and only the answers have been extracted, except for a single occurrence of "*iti praśnaḥ*" at

29b5.

If we compare parallel passages in the *Vajrācāryanayottama* and *Caryāmelāpakapradīpa* (CIHTS and Wedemeyer editions), in some parts they completely coincide, but in other parts the *Vajrācāryanayottama* omits several words and gives only a summary. The *Caryāmelāpakapradīpa* quotes other Buddhist exoteric and esoteric scriptures extensively, but in many cases the *Vajrācāryanayottama* omits such secondary quotations. Reference may be made to the accompanying table regarding secondary quotations from other texts.

Next, the *Karmāntavibhāga* is an important treatise of the Ārya school attributed to Nāgabodhi/Nāgabuddhi. Until now, one and a half verses, quoted in the *Caryāmelāpakapradīpa*, had been known. This text is quoted twice, once as the *Karmāntavibhāga* and once as "Nāgabuddhipāda said."

The *Vajrācāryanayottama* also quotes v. 17 of the *Svādhiṣṭhānakramaprabheda*, a treatise on the fourth stage, saying, "Āryadeva said." If we compare this quotation with the CIHTS edition,[23] there is a big difference in pāda C, which has been supplemented in the CIHTS edition. The quotation as given in this text is, I believe, the correct version.

Without mentioning any texual source, there seems to be a summary of the *Samājasādhanavyavastholi* at 28b1-4. This is the only paragraph corresponding to the *Samājasādhanavyavastholi* in the present text.

(5) Overall Structure of the *Niṣpannakrama*

Next, let us survey the overall structure of the *niṣpannakrama* found in this text.

---

23 J. Pandey, *Bauddhalaghugrantha-samgraha* (Sarnath, 1997), pp. 169–194.

Unfortunately, chapter titles are not given in this text. The only chapter title is found at 29b3: *iti prabhāsvarakramaḥ// idānīṃ satyadvayādvaidīkāralakṣaṇaḥ sarvvadvandvavivarjjitaḥ/ yuganaddhakramo avatāryate* "The above is the clear light stage. Now we enter into the union (*yuganaddha*) stage, which is characterized by the unification of the two truths and by transcendence from all dualism." Therefore, the fourth (*prabhāsvara*) stage turns out to come before 29b3, while the fifth (*yuganaddha*) stage comes after 29b3.

On the other hand, it is unclear in this text where the third (*svādhiṣṭhāna*) and fourth (*sukhābhisaṃbodhi*) stages start. In the system of the *Pañcakrama*, the secret initiation (*guhyābhiṣeka*) is usually placed at the beginning of the third stage and the wisdom initiation (*prajñājñānābhiṣeka*) at the beginning of the fourth stage. In this manuscript, the secret initiation occurs at 28b7, while the wisdom initiation (not explicitly mentioned) starts at 43a6. Therefore, the section before 28b7 corresponds to the second (*cittaviśuddhi*) stage and the section after it to the third stage (including the secret initiation). From 43a6 to 29b3 corresponds to the fourth stage (including the wisdom initiation).

The division between the *kāyaviśuddhi* and the first (*vajrajāpa*) stage and the division between the first stage and the second stage are also unclear. This is because this text extensively quotes the explanations of these three stages from the aforementioned *Piṇḍīkṛtasādhanapañjikā*. Therefore, in the accompanying table I have placed the division between the *kāyaviśuddhi* and the first (*vajrajāpa*) stage between 8b and 22b, while the quotation from *Caryāmelāpakapradīpa* IV is assigned to the second stage. But there is still scope for further examination of this question.

(6) Conventions Used in This Romanized Text

A romanized edition of the *niṣpannakrama* section of the *Vajrācāryanayottama* is presented on pp. 38–71. A reference such as (8a3) refers to the frame and line numbers of the NGMPP microfilm of the Kathmandu manuscript, while {40b3} indicates the folio and line numbers of the Göttingen manuscript.

As is common in Nepalese manuscripts, the manuscript does not distinguish between *ba* and *va*, and there is also habitual confusion of *sa* and *śa*. Most *virāmas* are missing. In addition, *sattva* and *tattva* are regularly written *satva* and *tatva*, while a consonant after *r* (*repha*) is doubled, but these and other discrepancies with standard orthographical practice have been transcribed as they are, with (*sic*) added to indicate that they are not typographic errors.

When missing glyphs or glyphs that are illegible on account of soiling of the palm leaves have been augmented on the basis of quotations from or parallel passages in other texts, these have been enclosed in square brackets ([ ]).

Redundant glyphs and symbols in the manuscript have been enclosed in braces ({ }), while redundant glyphs that have been deleted in the manuscript with the deletion sign (*parimārjita-saṅketa*) have been enclosed in braces and underlined.

(7) The Structure of This Book

The Kathmandu manuscript of the *Vajrācāryanayottama* that was consulted for this book went missing after being microfilmed by the NGMPP. I, too, made several attempts to locate it, but was unable to find it. However, it became clear that 44 of the 46 folios were subsequently microfilmed again under the title

Akṣasūtrapratiṣṭhāvidhi.[24] I have accordingly appended a comparative table of the microfilm taken by the NGMPP and the folios related to the *niṣpannakrama* referred to in this book, and another comparative table of the microfilms of the *Vajrācāryanayottama* and the *Akṣasūtrapratiṣṭhāvidhi.* I have also appended a chart that shows the location of the folios related to the *niṣpannakrama* in the dry plates photographed by Rāhula Sāṅkṛtyāyana in Tibet.

In addition, I have added the quotations from the *Piṇḍīkṛtasādhanapañjikā* and the *Karmāntavibhāga,* together with the corresponding Tibetan translations, as Appendices. These are important since the Sanskrit manuscripts of neither have been identified. In particular, the Tibetan translation of the *Piṇḍīkṛtasādhanapañjikā* was translated by Bu ston without the help of any Indian pandit. Therefore, it contains several misunderstandings and mistranslations, which I have also explained in footnotes.

24 NGMPP: E34002, Reel No. E1752/3.

Structure and Synopsis of Niṣpannakrama

Ms.K	Ms.G	Stages	Quotations	Secondary Quotations
8a4	40b4	Kāyaviveka	*Caturdevīparipṛcchā*	
8a4	40b5	krama	*Piṇḍīkṛtasādhanapañjikā*	
8a5	41a1			*Guhyasamāja* XVIII 38
8a5	41a3			*Piṇḍīkrama* 217
22b1	41b5	Vajrajāpa		*Pañcakrama* I 10
22b2	42a1	krama		
22b5	42b1		*Svādhiṣṭhānakramaprabheda* 17	
23a1	43a4		*Karmāntavibhāga* 18cd-22ab	
23a2	43b2		*Guhyasamāja* XVIII 141ab	
23a3	43b5		*Pañcakrama* II 79cd	
23a5	44a2	Cittaviveka	*Caryāmelāpakapradīpa* 08.004	
23a5	44a3	krama	*Caryāmelāpakapradīpa* 04.061	
28b1	44b5		*Samājasādhanavyavastholi* I	*Abhidharmakośa* III
28b2	45a3			*Guhyasamāja* I
28b6	45b5		*Pañcakrama* II 30ab	
28b6	45b5		*Caryāmelāpakapradīpa* 01.036	
29a5	47a2	Guhyā-	*Guhyendutilaka*	
29a7	47a4	bhiṣeka	*Pañcakrama* III 2-6.	
27a3	47b5	Svādhiṣṭhāna	*Pañcakrama* III 24-25, 26cd-27a	
27a7	48b3	krama	*Pañcakrama* II 34-38	
26b1	48b4		*Caryāmelāpakapradīpa* 06.006	
26b5	49a5		*Karmāntavibhāga* 22cd-26	

Ms.K	Ms.G	Stages	Citations	Secondary Citations
26b5	49a5	Svādhiṣṭhāna	*Guhyasamāja* II	
26b7	49b4	krama	*Caryāmelāpakapradīpa*	
26b8	49b5	(continued)	04.043-052	*Pañcakrama* II 28-32ab
42b2	50a4		*Caryāmelāpakapradīpa* 05.001	
42b4	50b3			*Pañcakrama* II 39-44
42b7	51a3		*Caryāmelāpakapradīpa*	
42b7	51a3		05.045-046	*Tathāgataguhyakośasūtra*
42b8	51a5			
43a2	51b3		*Caryāmelāpakapradīpa* 06.002	
43a4	52a2		*Caryāmelāpakapradīpa* 08.005	
43a6	52b1	Guhyā-bhiṣeka		
43a8	52b4		*Pañcakrama* IV 7-8	
32a1	52b5	Prabhāsvara	*Pañcakrama* IV 15-16	
32a2	53a3	krama	*Pañcakrama* IV 17-18	
32a4	53b2		*Caryāmelāpakapradīpa* 07.038-39	
32a8	54a5		*Pañcakrama* IV 13	
31b1	54b1		*Guhyasamāja* II	
31b1	54b3		*Pañcakrama* II 50cd-51cd	
31b2	54b4		*Guhyendumaṇitilaka*	
31b3	55a1		*Pañcakrama* II 53-63	
31b8	56a1		*Pañcakrama* II 67-71	
29b2	56a5		*Pañcakrama* IV 21-22	

Ms.K	Ms.G	Stages	Citations	Secondary Citations
29b3	56b2	Yuganaddha		
29b4	56b5	krama	*Caryāmelāpakapradīpa* 08.001-003	
29b7	57a5			
30a1	57b4		*Caryāmelāpakapradīpa* 08.015	
30a3	58a3		*Guhyasamāja* XVII 38	
30a3	58a4		*Caryāmelāpakapradīpa*	*Samādhirājasūtra*
30a4	58a5		08.052-056	*Aṣṭasāhasrikā*
30a7	58b4		*Pañcakrama* V 14cd	
46b1	59a4		*Pañcakrama* V 23	
46b2	59a5			
46b5			Colophon	

Sanskrit Text

(8a3){40b3}...//pūrvvoktāni rakṣādīni tatvena vinā na sidhyanti/

(8a4){40b4}yathoktaṃ bhagavatā/ caturdevī[1]paripṛcchāmahāyogatantre/ caturaśītisāhasre dharmmaskandhe mahāmuneḥ/ tatvaṃ {vai} ye{40b5}na na jānanti te ca sarvve ca niṣphalā[2] iti// atas tatvam avatāryate/ kin tat tatvaṃ/[3] bodhicittaṃ ādyanutpannam śāntam[4] iti yad uktaṃ bha{41a1}gavatā samājottara (8a5)vyākhyātantre/ anādinidanaṃ śāntaṃ bhāvābhāvakṣayaṃ vibhuṃ/[5] śūnyatākaruṇābhinnaṃ bodhicittam[6] iti smṛtaṃ/[7]{41a2}etac ca kāyavākcitta-vivekādivyatirekeṇa[8] na sidhyatīti/ tad avatāryate/[9] tatra sādhakaḥ śūnyatādhimokṣeṇa

(8a6){41a3}prākṛtāhaṃkāram apanīya jhaṭ ity ātmānaṃ mahāvajradhararūpaṃ śuklavarṇṇaṃ[10] dvibhujam ity ādinā/ evaṃ caturyogakaras tu {41a4}yogī hūṃkāragarbbhaṃ pravicintya lokaṃ dṛṣṭvā jagattadbhavavajrasatvaṃ

---

1 G: caturddevīya.

2 G: te ca sarvve niṣphalā.

3 K: kin tatvaṃ; G: kin {ṉṯa̱} tat tatvaṃ.

4 K: śāntim; G: śā{/}ntaṃ.

5 K: vibhuṃ; G: vibhuṃ{ẖ}/.

6 K: bo{ci}dhicittam.

7 *Guhyasamāja* XVIII, 38.

8 K: vitirekeṇa.

9 G: tadaivāvatāryate/.

10 G: śuklavarṇṇa.

vyutthāya[11] taddhīr vvicared yathāvad iti[12] paryante (8a7)na/[13] upala{41a5}bdhamantrātmakasya[14] vajradharakāyasyālīkatvaṃ yad asvabhāvasvabhāvatvena[15] parijñānaṃ sa kāyavivekaḥ/ athavā śatakulaprabhe {41b1}denālīkatvaṃ yat kāyasya/[16] kulāḥ śatavidhāḥ[17] proktā ity āgamāt lokavyavahāreṇaivālīkatvaṃ[18] kumārayauvana[19]vṛ (8a8)ddhāvasthānāṃ svabhāvānupala{41b2}bdheḥ/ tasmād āgamādhigamābhyāṃ traidhātukasthitakāyasyālīkatvaṃ[20] kāyavivekaḥ/[21] yathā jalatalāntarggatasya kāyasyeti/[22] hūṃkāragarbbha{41b3}m iti tryakṣarasamudbhūtatvāt/ kāyasyālīkatvaṃ[23] jñātvā tatkāranasya tryaksarasya katham alī (22b1)katvaṃ/ tatra vāyutatvānupūrvveṇa[24] {41b4} vinā[25] na prajñāyate/

---

11 G: vyatthāya.

12 *Piṇḍīkrama* 217.

13 G: omits *daṇḍa*.

14 G: upala{41a5}bdhamantratmakasya ca.

15 G: asvabhāvabhāvatvena.

16 G: omits *daṇḍa*.

17 G: śatavidhāḥ/.

18 G: ° ālīkatvaṃ/.

19 K: yuvana.

20 G: inserts *daṇḍa*.

21 K: omits *daṇḍa*.

22 K: omits *daṇḍa*.

23 K: kā{la}yasyālīkatvaṃ.

24 G: satvānurūpeṇa.

25 G: vina.

vāyutatvaṃ nāma prāṇavāyuḥ/[26] sa nāsikāc chidrābhyāṃ caturmmaṇḍalakrameṇa praveśasthitivyutthānair dvyayutaśa{41b5}taṣodaśaṃ bhavati/ teṣu praveśādiṣu/ Oṃ Āḥ Hūṃ iti sāṃketiko mantrajāpaḥ/ tasya bhāvanayā nāsāgre sarṣapaṃ (22b2)cintet/ sarṣa{42a1}pe ca sacarācaraṃ[27] bhāvayed[28] ityādinā prakarṣaparyante[29] nadyayutaśataṣodaśanirodhāt/ tryakṣarasyāpi nirodha ity alīkatvaṃ āvāco vāgvi{42a2}vekaḥ/[30] yathā pratiśabdasya/[31] anenaiva krameṇa vāyusaṃyuktatvāc cittasya grāhyagrāhakagrahanarūpasya tatkārya ṣaṣṭyuttaraśata

(22b3){42a3}prakṛter api virāgarāgamadhyarāgāder alīkatvam iti cittavivekaḥ/ yathā svapnacittasya/[32] evaṃ dvitīyavajrajāpakrameṇa vā{42a4}kcittayor asvabhāvasvabhāva[33]parijñānāt/ tā eva prakṛtayo dvāṣaṣṭidṛṣṭayo 'ṣṭānavatikleśāś ca[34] saṃbhavantyaḥ[35] saṃsārahetukā[36] na {42a5}bhava

---

26 K: omits *daṇḍa*.

27 G: sacarācaraṃ/.

28 *Pañcakrama* I 10.

29 G: prakarṣaparyantena/ dya.

30 K: omits *daṇḍa*.

31 K: omits *daṇḍa*.

32 K: omits *daṇḍa*.

33 G: abhāvasvabhāva.

34 *Piṇḍīkṛtasādhanapañjikā*. See Appendix I.

35 G: bhvantyaḥ.

36 K: saṃśārahetukā.

(22b4)nti[37] dṛṣṭikleśānām apy[38] asvabhāvasvabhāvatvāt/ naite nāma[39] māraṇāntikāḥ[40] pañcaskandhāḥ antarābhāvalakṣaṇam[41] kāryaṃ janayanti/[42] svādhi{42b1}ṣṭhānopadeśaprāptānāṃ kin tu[43] svādhiṣṭhānalakṣaṇaṃ kāryaṃ janayanti[44] tac cāṣṭapadārthān vināśotpattihetū[45] vinā na jñāyate/

(22b5)yathāryade{42b2}vapādāḥ/ pṛthivyādīni catvāri tathā śūnyacatuṣṭayaṃ/ aṣṭau padārthā[46] vijñeyā vināśotpattihetavaḥ/[47] teṣāṃ vi{42b3}nāśakramas tāvat pradarśyate/ vairocanātmakaṃ rūpaskandhaṃ tatkulīnaṃ ca kṣitigarbbhādikaṃ saṃgṛhya prāṅ mahīṃ locanā

(22b6)toya{42b4}ṃ gacchet/[48] toyaṃ[49] māmakī ratnasambhavātmakaṃ vedanā tatkulīnavajrapāṇyādinā saha pāvakaṃ {42b5}gacchati/ pāvakas tu pāṇḍaravāsinī amitābhātmakasaṃjñāskandhaṃ tatkulīnañ ca//{43a1}

---

37 G: bhavati.

38 K: api.

39 K: omits *nāma*.

40 G: māraṇāntikaṃ/.

41 G: pañcaskandho 'ntarābhavalakṣaṇaṃ.

42 G: janayati/.

43 G: tarhi.

44 G: janayati.

45 G: vināśotpattihetukaṃ.

46 K: adaupadārthā [See Introduction, p.31]

47 *Svādhiṣṭhānakramaprabheda* 17.

48 G: gacchati/.

49 G: toyan tu.

ghrānendriyādikaṃ gṛhītvā vāyudhātuṃ praviśati/ vāyuḥ punas tārā amo (22b7)ghasiddhisvabhāvaḥ saṃskāraskandha tatkulīna[50] rasanendriyādinā {43a2}ekībhūya śūnyaṃ jñānam ālokapratipakṣaṃ gacchati/ śūnyaṃ punar[51] virāgādiprakṛtyā sahālokābhāsapratipakṣātiśūnyajñā{43a3}naṃ yāti/ tad rāgādiprakṛtyālokopalabdhipratipakṣaṃ mahāśūnyajñānaṃ gacchati/ (23a1)mahāśūnyan tu madhyarāgādinā prabhāsva{43a4}raṃ praviśati āryanāgabuddhipādair[52] apy uktaṃ pṛthagbhāve caturṇṇāṃ ca gate skandhe[53] tathendriye/[54] krameṇānena līyante ya{43a5}thaivāgamanaṃ[55] purāḥ/ prāṅ mahī salilaṃ[56] gacchej jalaṃ gacchati pāvakaṃ/[57] pāvako vāyum anveti vāyur vi (23a2)jñānam āviśet// vijñānaṃ dhāraṇaṃ {43b1} gatvā prabhāsvaram athāviśet/ [58] tasmād gandharvvatāṃ[59] gatvā jāyate karmmacoditaṃ// evaṃ janmasamudreṣu bhūtvā bhūtvā punaḥ punaḥ[60] prakṛtyāvarttasaṃbhrāmāt

---

50 G: inserts *daṇḍa*.

51 K: punaḥ.

52 G: āryanāgabuddhapādair.

53 K: skandhe ca.

54 *Karmāntavibhāga* 18cd.

55 G: ta{43a5}thaivāgamaṃ purā{ḫ}//.

56 K: śalilaṃ; G: śalīlaṃ.

57 K: pāva; *Karmāntavibhāga* 19.

58 *Karmāntavibhāga* 20.

59 G: gandharvvatāṅ.

60 *Karmāntavibhāga* 21.

{43b2}pāraṃ na labhate jagat//[61] etenaitad api vyākhyātuṃ bhavati/ pratyāhāras tathā dhyānaṃ prāṇā (23a3)yāmaś ca[62] dhāraṇā[63] iti /{43b3}tasmād dhāraṇāṅgaṃ mahāśūnyaṃ tato 'tiśūnyaṃ jāyate/ tataḥ śūnyañ ca etenānusmṛtiḥ kathitā/ teṣāṃ {43b4}satyadvayādvaidhīkāraparijñānāt samādhir iti/ kathitam āloka upadarśinā daśabhūmīśvaratvaṃ {43b5} pratipāditaṃ/ ābhāsa (23a4)trayadarśī ca daśabhūmyāṃ[64] pratiṣṭhita[65] ity āgamāt/ svādhiṣṭhānānupūrvveṇa[66] prabhāsvaropadeśaṃ yo labdhavān sa {44a1}vajropamasamādhinā[67] sarvvabuddhaguṇālaṃkṛto buddhabhūmau viśvaramaṇenāmeyadevīsamāpattyā[68] ā saṃsāraṃ[69] sthitiṃ kuryād ity api (23a5)prati{44a2}pāditaṃ/ svacittanirābhāsamātreṇa[70]prajñāpāramitā-vihārānuprāptā/ utpādakriyāyogarahitā/ vajrabimbopama{44a3}samādhiḥ/[71]

---

61 *Karmāntavibhāga* 22ab.

62 G: prāṇāyāmo 'tha.

63 *Guhyasamāja* XVIII 141ab.

64 K: daśabhūmyā.

65 Pañcakrama II 79cd.

66 G: svādhiṣṭhānupūrvveṇa.

67 G: inserts *daṇḍa*.

68 K, G: samāpatyā.

69 K: saṃśāraṃ.

70 K: nirābhā{ṣa}samātreṇa.

71 G: samādhiṃ/.

tathāgatakāyānugataṃ pratilabhante[72] bodhisatvā ity āgamāt/ evaṃ[73] kāyavākcittasya[74] yathābhūta (23a6)parijñā{44a4}nam adhigamya karmavādinaḥ[75] satvā anādisansāre svavikalpodbhūtakleśakarmmaprabandāt kośakāra[76]kīṭavat {44a5} svayam eva mahāntaṃ duḥkhaskandaṃ saṃskṛtya janmaparamparayopacitaśubhāśubhakarmmaṇaḥ phalavipākam anubhūya punaḥ (23a7)paramārtha{44b1}maṇḍalakrameṇa kalevaraṃ parityajya/ vāyudhātusaṃgṛhīto vedanāsaṃprayuktas tṛṣṇayā 'nubaddho dharmmadhātuniḥsyanditaḥ smṛtyā parigṛhītaḥ {44b2} kuśalākuśalārakṣaṇasaṃprayuktaḥ pañcaṣaḍ[77]-varṣopamaḥ śiśuḥ sakalākṣo[78]gandhāhāro vajrādibhi (23a8)r apy abhedyaḥ karmmarddhivega{44b3}vān saptāhāt gatyantarāle sthitvā svavikalpodbhūtaśubhāśubhakarmmaṇā saṃcodite sati/ hetupratyayaṃ ca prāpya pañcagati{44b4}ṣu ghaṭīyantranyāyena punaḥ punaḥ pratisandhiṃ gṛhṇāti/[79] sāṃsārikaduḥkhaṃ[80] cānubhavati[81] tatrāyaṃ pratisandhi

72 *Caryāmelāpakapradīpa* 08.004.

73 K: ekaṃ.

74 G: kā{k̲c̲a̲}yvākcittasya.

75 K: karmmavādinaḥ.

76 K, G: koṣakāra.

77 G: pañcaṣad.

78 K: śakalākṣo.

79 K: omits *daṇḍa*.

80 G: sāṃsārikaduḥkhañ.

81 *Caryāmelāpakapradīpa* 04.061.

(28b1)kramaḥ/{44b5}antarābhavāt prathamam upāyajñāne prajñājñāne cotpanne sati/ mātā kalyā bhavati ṛtumatī ca mātāpitarau anuraktau bhava{45a1}ta ity ubhayānurāgaṇaṃ[82] dṛṣṭvā kāmopadānāt/ antarābhavaṃ hitvā vairocanadvāreṇa praviśya jñānabhūmiñ[83] ca prāpya sūkṣma[84]dhā

(28b2)tv anu{45a2}praveśāt/[85] utpadyate/ tejas tataḥ salilaṃ[86] salilāj[87] jāyate pṛthvī[88] evam ubhāv api paramānandasukhena drāvayitvā śukra{45a3} śoṇitābhyāṃ miśrībhūya yonimadhye bindurūpeṇa patitaḥ/[89] imam arthaṃ dyotayati/[90] śrīguhyasamājamahāyoga{45a4}tantre sarvvatathāgatakāya

(28b3)vākcittavajrayoṣidbhageṣu[91] vijahāreti/[92] tataḥ krameṇa varddhate/ prathamaṃ kalalākāraṃ tato {45a5}'rbbudaṃ[93] tasmāj jāyate peśī tato ghaṇañ[94]

82 G: omits *daṇḍa*.

83 G: jñānabhūmiṃ.

84 K: śūkṣma.

85 G: //

86 K: tejaḥ tataḥ śalilaṃ; G: tejas tataḥ śalilaṃ.

87 K, G: śalilāj.

88 K: ūrddhvā.

89 K: patataḥ.

90 K: omits *daṇḍa*.

91 K: sarvvatathāgatakāya(28b3)vākcittavajra{ṣe}yoṣidbhageṣu; G: sarvvatathāgatakāya vākcittayoṣidbhageṣu.

92 K: omits *daṇḍa*.

93 G: tato {45a5}rbudaṃ.

94 G: ghanaṃ.

ca ghaṇāt[95] punar vvāyunā preryamāṇāt/[96] śākhāpraśākhāpañcavidhasphoṭākārāḥ prajā{45b1}yante tataḥ keśaromana (28b4)khādaya[97] indriyāni rūpāṇi vyañjanāni cānupūrvvaśaḥ/[98] iti bhavotpattikrameṇa kalalādiṣu akṣobhyādīnāṃ yathākra{45b2}maṃ nyāsaḥ pratipattavya āgamāt/ tasmād[99] yatnena kāyavākcittavidhikam adhigamya/[100] samyag vajragurum ārādhya svādhiṣṭhānābhimukho (28b5){45b3} bhavati/ anena krameṇa prāptakāyavākcittaviveko guru tuṣṭyājñāṃ[101] prāpya mahatīṃ[102] gaṇapūjāṃ kṛtvā vajragurave ṣoḍaśābdikāṃ {45b4}kanyāṃ niryātayet/ prāk rajomaṇḍalādau mālāsalilādy[103]abhiṣekeṇa kāyavivekaṃ (28b6)labdhvā guhyābhiṣekeṇa vāgvive{45b5}kam āsādya/ tenaiva[104]

95 G: vināt.

96 K: omits *daṇḍa.*

97 G: nakhādayaḥ/.

98 K: omits *daṇḍa. Samājasādhanavyavastholi* I.

99 G: tasmāt.

100 G: omits *daṇḍa.*

101 K: tuṣṭyā ājñāṃ.

102 G: mahatīṅ.

103 K: śalilādy.

104 G: āsādya tainaiva.

cittavivekaṃ[105] ca/[106] yasmād vāyunā[107] sūkṣmarūpeṇa[108] cittaṃ sammiśritāṃ[109] gatam[110] ityādy āgamaḥ/[111] āryadevapādair apy uktaṃ vāgvive{46a1}kena vinā cittavivekaḥ kartuṃ na pāryate/[112] tasmād guhyābhiṣeke (28b7)ṇaiva ubhayor api vivekaḥ/ tatrāyaṃ guhyābhiṣekakramaḥ pradoṣād ācārya[113]mālāsalila[114]sa{46a2}mbuddhavajravajraghaṇṭādarpaṇanāmācāryānujñāṃ dattvā guhyābhiṣekeṇābhiṣiñced[115] arddharātreṣu[116] śiṣyaṃ guruḥ[/] tadanu[117] abhraṣṭayauvanāṃ [pra{46a3}jñāṃ][118] gurave niryā(29a1)tayet/ guruś ca pañcakulakalāpinīṃ kṛtvā virāgādikrameṇa kleśaviśuddhipadaṃ paramānandasukham[119] anu{46a4}bhūya mudrā

105 K: cittavivekañ.

106 G: omits *daṇḍa*.

107 G: utpannā.

108 G: śūkṣmarūpeṇa.

109 K: sammiśratāṃ; G: sammiśritāṅ.

110 *Pañcakrama* II 30ab.

111 G: ity āgamaḥ/.

112 *Caryāmelāpakapradīpa* 01.036.

113 G: adoṣād ārabhya mārasva.

114 K: śalila.

115 G: guhyābhiṣeṇābhiṣiñced.

116 G: arddharātresu.

117 G: tadartham.

118 Found only in G:

119 K: paramānandasukha{mu}m.

ravindasthitabodhicittaṃ gṛhītvā[120] mukhapaṭañ ca baddhvāṅguṣṭhānāmikābhyāṃ śiṣyavaktre nipātayet/ śiṣyo [']pi/ sva {46a5}kāyasthān[121] sarvatathāgatān santarpayāmī (29a2)ty abhyavaharet/ punar api gṛhītabodhicittena śaṃkhādi[122] sthitagandhodakam ānodya? maṅgala{46b1}gāthāpūrvvakāṃ śiṣyam abhiṣiñced guruḥ/ yathoktaṃ bhagavatā guhyendutilake utsṛjya ratnojvalapadmamadhyataḥ saṃśuṣkamūrttiḥ sakalaṃ {46b2}jinānāṃ abhiṣiñcya mūrddhnāmala (29a3)ratnavarṣair viśuddhavajrodbhavajñānatoyair[123] iti/ guhyābhiṣekaṃ labdh [v]ā svādhiṣṭhānopadc{46b3}śārthaṃ sadbhūtaguṇena guruṃ stunuyāt[124]/ anena stotrarājena śauśīryaṃ nāsti te kāye māmsāsthirudhiraṃ na ca/[125] indrā{46b4}yudham ivākāśe kāyaṃ darśitavān asi// nāma[ye] (29a4)[nā]śuciḥ kāye kṣuttṛṣāsambhavo na ca/ tvayā lokānuvṛttyarthaṃ da{46b5}rśitā laukikī kriyā// udakacandravad[126]grāhyaḥ sarvvadharmmeṣv aniśritaḥ/[127] anahaṃkāra nirmoha nirālamba namo [']stu te// sadāsamāhitaś cāsi gacchan tiṣṭha

120 K: gṛhitvā.

121 G: kāyasthān.

122 K: saṃkhādi.

123 The same quotation is found in the *Pradīpodyotana.*

124 G: stuyāt.

125 K: omits *daṇḍa.*

126 G: dakacandravad.

127 K: aniśrita.

(29a5)n svapan[128] tathā {47a1} īryāpatheṣu sarvveṣu nirālamba namo [']stu te/ vikurvvasi mahārddhyā[129] māyopamasamādhinā/ nirnānātva[130]samāpanna nirālamba namo [']stu te//[131]{47a2}tato vajraguruḥ svādhiṣṭhānaṃ pratipādayet/ vimalādarśagataprati

(29a6)bimbāt/ sadgurūpadarśitaṃ yat jñānaṃ tat/ svādhiṣṭhā{47a3}naṃ bhāvābhāvavinirmuktaṃ avidyāpratipakṣaṃ asecanakavigraham ābhāsatraya-rūpam alīkākāyādyabhedyarūpaṃ śiṣyasantā{47a4}ne svasamvedyaṃ tac ca nirupalambhadevatārūpaṃ atra

(29a7)eva nirdoṣamāyālakṣaṇaṃ ālokopalabdhasaṃjñakaṃ dvādaśa-māyā{47a5}dṛṣṭāntair upalakṣitaṃ ayaṃ[132] punar bbuddhānāṃ manomaya[133] kāyaḥ tathā coktam ārya[134]nāgārjunapādaiḥ// darpaṇe vimale vyaktaṃ[135] dṛ{47b1}śyate pratibimbataḥ/ bhāvābhāva

(27a1)vinirmukto vajrasatva[ḥ] sucitritaḥ// sarvvākāravaropetas tv asecanakavigrahaḥ/ darśayet taṃ svaśiṣyāya svādhiṣṭhā{47b2}naṃ tad ucyate//

---

128 G: gacchas tiṣṭhan svapas.

129 K, G: mahāṛddhyā.

130 K: nirnnātva.

131 *Pañcakrama* III 2-6.

132 K: idaṃ.

133 G: manomayaḥ.

134 G: ācārya.

135 K: vyakta.

māyaiva saṃvṛteḥ[136] satyaṃ kāyaḥ sāmbhogikaś[137] ca saḥ/[138] saiva gandharvvasatvaḥ syād[139] iti vistaraḥ/[140] kathaṃ sukhamayaṃ ta{47b3}dāloko (27a2)palabdham apararūpādy ālambakajñānāviśeṣāt satyaṃ kintu strīmāyāsparśaviṣaye 'sti[141] viśeṣaḥ/ tatra jñānatraya{47b4}prabhedasya sukhamayasya sphuṭatāpracāratvāt/[142] tan nidarśanenātrāpi pratipādayituṃ śakyate/ māyopamatvā[143] vi (27a3)śeṣāt {47b5}tathā coktaṃ sarvvaśuddhi[144]viśuddhikrame sarvvāsām eva māyānāṃ strīmāyāiva viśiṣyate/ jñānatrayaprabhedo 'yam prabhedo 'yam[145] sphuṭam atraiva lakṣyate/ {48a1}rāgaś caiva virāgaś ca tayor antar iti trayam// dvayendryasamāyogād vajrapadma (27a4)samāgamaḥ/ jñānadvayasamāyogaḥ[146] samāpattiḥ prakīrttitā/ jñāna {48a2}dvayasamāpattyā yathoktakaraṇena tu/ yat(sic) jñānaṃ prāpyate yatnāt tad ālokopalabdhakaṃ// yasya vajrābjasaṃyogaḥ saṃvṛtyāpi na vi{48a3}dyate/

---

136 K: saṃvṛtteḥ.

137 K: sambhogikaś.

138 K: omits *daṇḍa*.

139 *Pañcakrama* III 24-25, 26cd-27a.

140 K: omits *daṇḍa*.

141 K: asti.

142 K: sphuṭapradhānatvāt.

143 K: māyopatvā.

144 G: suddhi.

145 G: prabhedo yam.

146 K: jñānadvayasamāgamaḥ.

sidhyate

(27a5)yogasāma[r]thyāt sakṛd apy anubhūtavān// yathā[147]prabhedaṃ vijñāya jñānavṛttiḥ svabhāvataḥ/[148] lakṣayet satataṃ yo{48a4}gī tām eva[149] prakṛtiṃ punaḥ/[150] kathaṃ punar[151] jñānamātreṇa hastapādādi sarvvalakṣeṇopetam mano (27a6)mayaḥ kāyo niṣpādyate/ {48a5}varnṇasaṃsthānādi rahitatvāc cittasya/ satyaṃ sūkṣma[152]dhātusahitatvāc[153] cittasya sarvvalakṣaṇopetadevatārūpam upajāyate/ uktañ ca {48b1}sūtrake cittaṃ varṇṇasaṃsthānarahitaṃ khasamasvabhāvaṃ paramārthasatyam iva duḥ

(27a7)sparśaṃ kintu ābhāsam ālokatrayaṃ yasmād vāyudhātur arūpī/ jñā{48b2}naṃ cārūpi/[154] ata eva vāyunā vijñānañ ca[155] sambadhyate/[156] tasmād ābhāsatrayarūpaṃ ālokopalabdhaṃ pañca[157]raśmisahitaṃ sarvva{48b3} buddhaguṇopetaṃ/[158] māyopamadevatārūpam utpadyate/

---

147 K: ya{ḏẖa̱}thā.

148 G: jñānavṛttisvabhāvataḥ/.

149 K: tāṃm eva.

150 *Pañcakrama* II 34-38.

151 K: punaḥ.

152 G: śūkṣma.

153 G: sahitatvā.

154 K: omits *daṇḍa*; G: jñā{48b2}nañ cārūpi/.

155 G: omits *ca*.

156 K: omits *daṇḍa*.

157 G: {ñc̱a̱}pañca.

158 K: omits *daṇḍa*.

(26b1)ata eva sūtrāntādinaye pravṛttāḥ/ utpattikramabhāvakāś ca māyā {48b4}svapnādiṃ upamāṃ[159] vadanti/[160] aupamyaṃ svādhiṣṭhānopadeśaṃ na prajānanti/[161] karmmāntavibhāge coktaṃ/ ābhāsasya parijñānaṃ/ tā{48b5}rkikāṇām agocaraṃ/ ābhāsamīlanañ cāpi punar a (26b2)tyantadurlabhaṃ// rajas tamaś ca satvañ cety evaṃ saṃkalpyate paraiḥ/ ābhāsatrayam evaitat svābhāvajñānahāṇitaḥ/{49a1} bhavanirvvāṇahetuś[162] ca jñānatrayam idaṃ mataṃ/ ābhāsaprakṛtīr[163] yatra sthānaṃ tatra puṇyapāpayoḥ/[164] ābhāsatrayaśuddhasya ni (26b3)yataṃ saugatapadaṃ//[165] brahmā {49a2}viṣṇuś ca rudraś ca ye cānye kapilādayaḥ/ prakṛtyābhāsasaṃmūḍhāḥ[166] viśuddhau cāpi sarvvathā//[167] tasmād yat mato[168] vaktavyam kā{49a3}yaṃ vinā jñānaṃ notpadyate/ jñānena vinā kāyo nopala (26b4)bhyate/ ata evālīkakāyākārāṃ jñānakāyabodhasvabhā{49a4}vaṃ nātmavittirūpaṃ grāhyākāravyatiriktasvākārābhāvāt/ tad vedanam

159 G: māyā{48b4}svapnādi-upamāṃ.

160 K: omits *daṇḍa*.

161 K: omits *daṇḍa*; G: jānanti/; *Caryāmelāpakapradīpa* 06.006.

162 G: bhavanirmāṇahetuś.

163 G: ābhāsaprakṛtī.

164 K: omits *daṇḍa*.

165 G: saugataṃ padaṃ//.

166 G: prakṛtyābhāsasammūḍhāḥ.

167 *Karmāntavibhāga* 22cd-26.

168 emend: *mataṃ*.

evātmavedanam upacārāt/ ābhāsatrayarūpa{49a5}m utpadyate/ svā (26b5)dhiṣṭhānaṃ sukhamayaṃ/[169] imam arthaṃ dyotayati mūlasūtre utpādayantu bhavantaś cittaṃ kāyākāreṇa/[170] kāyaṃ cittākāreṇa {49b1}cittaṃ vākpravyāhāreṇeti/[171] evam idaṃ vijñānaṃ prathamavyūhaṃ śarīraṃ parityajya bindvākṛti

(26b6)vad bhavati etat pṛthagjanānām antarābhavābhidhānaṃ saṃ {49b2}sārahetukaṃ[172] bhavati[173] tad eva guruparvakrameṇa/[174]sarvvabuddhopadeśaprāptānāṃ svādhiṣṭhānābhidhānaṃ yathā darppaṇamadhyavarttičitrapaṭā{49b3}t jñānam upalakṣitaṃ/ tathaivātmā 'bhinirmmito

(26b7)vajrakāyasvabhāvena dvātriṃśanmahāpuruṣalakṣaṇādyalaṅkṛtagātraḥ[175] saṃkṣe{49b4}pataḥ sarvvabuddhaguṇālaṅkṛta iti yāvat/ anena nyāyena vāyudhātuvijñānayor arūpatvāt/ ghṛte ghṛtaṃ nyastam iva saṃmiśrī {49b5}bhūyāśeṣalaukikaloko

(26b8)ttarakṛtyaṃ karoti vijñānadhātuḥ[176] yathoktam anuttarasandhau/ saṃvittimātrakaṃ jñānaṃ ākāśavad alakṣaṇaṃ/[177] ki{50a1}m tu tasya

---

169 K: omits *daṇḍa*.

170 K: omits *daṇḍa*.

171 K: vākpravyāhāre{ṇa}ṇeti; *Guhyasamāja* II.

172 K: saṃśārahetukaṃ.

173 K: omits *bhavati*.

174 K: parvvakrameṇa, omits *daṇḍa*.

175 K: alaṅkṛtagātra.

176 *Caryāmelāpakapradīpa* 04.043.

177 K: akṣaṇaṃ/ G: omits *daṇḍa*.

prabhedo 'sti[178] sandhyā rātridivātmanā// ālokālokābhāsau ca tathālokopalabdhakaṃ cittaṃ trividham i

(42b1)ty uktam/ ādhāras tasya ka{50a2}thyate/ vāyunā sūkṣma[179]rūpeṇa jñānaṃ sanmiśratāṃ[180] gataṃ/ niḥsṛtyendriyamārggebhyo viṣayān avalambhate// ābhāsena yadā yukto {50a3}vāyur vāhanatāṃ[181] gataḥ/ tadā tat prakṛtīḥ sarvvā astavyastāḥ[182] pravarttayet// yatra yatra sthito vāyu

(42b2)s tāṃ tāṃ prakṛtim udvahet/[183] iti {50a4} vijñānatrayaprakṛtyābhāsavāyudhātūnāṃ karmmaṇām api arūpatvāt/[184] eṣāṃ anyonyamanyanābhāvāt// śūnyam ity ukataṃ bhagavatā ta{50a5}t kathaṃ śubhāśubhakarmmaṇā tan manomayadehaṃ badhyate// anādibhavacakre tathā cābhiḥ ṣa

(42b3)ṣṭyuttaraśataprakṛtibhiḥ kuśalam akuśa{50b1}lam[185] vā upacitaṃ[186] tad ihaiva janmani[187] kṣaṇakṣaṇād utpadya pradhvansi[188] bhavatīti[189] tat kathaṃ

---

178 K: sti.

179 K, G: śūkṣma.

180 G: sanmiśratāṅ.

181 K: vāhanātāṃ; G: vvāhanatāṅ.

182 G: 'stavyastāḥ.

183 *Pañcakrama* II 28-32ab.

184 G: arūpitvāt/.

185 G: akuśala.

186 K: upacittaṃ.

187 K: janmi.

188 G: pradhvanse.

189 *Caryāmelāpakapradīpa* 05.001.

janmāntareṣūpalabhyate ca eṣāṃ svabhāvāparijñānāt[190] a{50b2}mukto bhavatīti nātra saṃdehaḥ/ yasmāc[191] chubhāśubhaprakṛtayaḥ śūnya (42b4)trayasamudbhavā vāyuvāhanavaśāt kṣaṇe kṣaṇe {50b3}cotpadya viṣayān anubhūya punaḥ punaḥ prabhāsvaraṃ praviśanti/[192] yathoktam anuttarasandhau// [193]payodharā yathā naike nānāsaṃsthāna{50b4}varṇṇakāḥ/[194] udbhūtāḥ gaganābhogāl layaṃ gaccha (42b5)nti tatra[195] vai// evaṃ[196] prakṛtayaḥ sarvvā[197] ābhāsatrayahetukāḥ/ nirvviśya viṣayān {50b5}kṛtsnān praviśanti prabhāsvaraṃ// evaṃ svabhāvāvijñānāt ajñānapaṭalāvṛtāḥ kṛtvā śubhāśubham karmma bhramanti gatipañcake//{51a1} ānantaryādikaṃ kṛtvā na (42b6)rakeṣu vipacyate// śubhaṃ dānādikaṃ kṛtvā svargādiṣu[198] mahīyate// anantajanmasāhasraṃ prāpya caivaṃ punaḥ punaḥ/ {51a2}pūrvvakarmmavipāko [']yam iti śocati mohataḥ// prakṛtyābhā{ṣa}sayogena yena yena[199] kliṣyanti

190 K: svarūpāparijñānāt; G: svabhāvā{c̲a̲}parijñānāt.

191 K: tasmāc.

192 K: omits *daṇḍa*.

193 *Caryāmelāpakapradīpa* 05.011.

194 K: omits *daṇḍa*.

195 G: tratra.

196 G: {n̲a̲} evaṃ.

197 G: sarvvā{ḫ}.

198 G: svarggādiṣu.

199 G: only one *yena*.

jantavaḥ/[200] jñātvā tam eva

(42b7)mucyante jñāni{51a3}no bhavapañjarād[201] iti// tathā ca/[202] guhyakośasūtre [203]['']py uktaṃ/ ādiśuddhān sarvvadharmmān iti/[204] śraddhātavyān adhimucyate/ [205] na tasya sattva{51a4}syāpāyagamanaṃ[206] vadāmi/ tat kasya hetoḥ/ nāsti kleśānāṃ[207] rāśībhāvo vilīnā hi sarvvakleśā

(42b8)hetupratyayasāmagrīsaṃ{51a5}yogāt utpadyante/[208] utpannamātraś ca nirudhyante/ yaś cotpādaḥ sa eva kleśānāṃ bhaṅga[209] iti[210] tad anena nyāyenāgamādhigamābhyāṃ {51b1}vineyajanān[211] prabodhya svādhiṣṭhāna-kramānusāreṇa kleśasvabhāva

(43a1)[parijñānena śubhakarmaviśuddhiṃ pratipādya svādhiṣṭhā][212]nam api

---

200 K: omits *daṇḍa*.

201 *Pañcakrama* II 39-44.

202 K: tathāgata.

203 K, G: guhyakoṣasūtre.

204 K: omits *daṇḍa*.

205 K: omits *daṇḍa*.

206 K: tasyāpagamanaṃ.

207 K: klenaśānā.

208 K: omits *daṇḍa*.

209 K: yaś cotpādabhagaḥ saṃkleśānāṃ bhaṅga.

210 *Caryāmelāpakapradīpa* 05.046.

211 G: vineyajanaṃ.

212 Missing in K because of damage to manuscript.

prabhāsvareṇa {51b2}viśodhya tato vyutthānañ ca sampradarśya[213] yuganaddhasamādhau pratiṣṭhāpayatīti/ tāṃ svādhiṣṭhānakramaḥ//[214] [//utpattikramā][215]
(43a2)nusāreṇa kā{51b3}yasyālīkatvaṃ trivajrā vinā bhāvilakṣaṇam adhimuktimātramataḥ/[216] kāye sarvvākāravaropetādidevatārūpaṃ nopalabhyate/ {51b4}paramāṇu[217]samūhamātratvāt kāyasya/[218] evaṃ vākparijñānaṃ praveśādikrameṇa vajrajāpamā
(43a3)tram/[219] tatrāpi nāsti devatārūpaṃ {51b5}pratiśrutkopamasvabhāvatvāt/[220] vācaś[221] cittasya parijñānaṃ prakṛtyābhāsamātram/[222] tatrāpi vajrabimbopama-devatārūpaṃ nopalabhyate/ {52a1}ābhāsamātratvāc cittasya[223] trivajrābhedya-māyopamalakṣane
(43a4)svādhiṣṭhāne [']pi balābhijñāvaśitākaruṇopāyamaṇḍitadevatārūpaṃ na vidya{52a2}te/ prabhāsvareṇa viśuddhatvāt māyopamasamādhiḥ yathoktaṃ/

---

213 K: sampraršya.

214 G: svādhiṣṭhānaḥ//.

215 Missing in K because of damage to manuscript.

216 K: omits *daṇḍa*.

217 K: paramaṇu.

218 K: omits *daṇḍa*.

219 K: omits *daṇḍa*.

220 K: omits *daṇḍa*.

221 K: vācaḥ.

222 K: omits *daṇḍa*.

223 *Caryāmelāpakapradīpa* 06.002.

laṅkāvatārasūtre māyopamasamādhisamāpanno [']pi[224] {52a3}yāvat para (43a5)mārthasatyādhigamaṃ na labhate tāvat vaivarttiko bhavati tasmāt viśuddham ābhāsatrayaṃ yāvat vijñānasaṃkalpaḥ {52a4}tāvat kleśaprabandhaḥ kleśaprabandhāt punarbhavaḥ[225] prabhāsvare [']pi tāvan nopalabhyate/[226] sarvākāravaropetade (43a6)vatārūpaṃ sarvva{52a5}śūnyatvāt tasmāt sarvvaśūnyaṃ/[227] pratyātmavedya[228]lakṣaṇaṃ prabhāsvaraṃ pratipādya tato vyutthānātmake yuganaddhasamādhau pratiṣṭhāpayati/[229] {52b1}satyadvayādvaidīkāralakṣaṇe tatrāyaṃ kramaḥ/[230] astaṃgate sūrye yathālabdopakaraṇena (43a7)mālādyabhiṣekaṃ dattvā 'rddharātre[231] guhyābhiṣekaṃ da{52b2}dyād anena krameṇa/[232] rūpādyupakaraṇena ca[233] vajragurum ārādhya śiṣyas tasmai gurave suśikṣitāṃ mudrāṃ niryātayet/[234] tato {52b3}guruḥ kuryād ābhāsodayaṃ

224 K: samāpanno{ti}pi.

225 Caryāmelāpakapradīpa 08.005.

226 K: omits *daṇḍa*.

227 K: omits *daṇḍa*.

228 K: pratyātmavyadya.

229 K: omits *daṇḍa*.

230 K: omits *daṇḍa*.

231 G: ārddharātre.

232 K: omits *daṇḍa*.

233 G: omits *ca*.

234 K: nāryātayet/.

[235] samāpattividhānataḥ /tataś ca kala (43a8)śādisthitabodhicittenārddharātre guhyābhiṣekeṇa svaśi{52b4}ṣyam abhiṣiñced[236] guruḥ/ prāptābhiṣekaḥ pratyūṣasamaye gurum ārādhayet punaḥ/ stotraiḥ śiṣyaḥ[237] kṛtavatāñjaliḥ/ traidhā{52b5}tukavinirmukta[238] ākāśasamatāṃ gataḥ/ no pa (32a1)[ripyasi kāmeṣu][239] nirālamba namo [']stu te//[240] prayaccha me mahāvajra kāyavākcittaśodhanaṃ{53a1} anādinidhanaṃ śāntaṃ sarvvakleśaviśodhanaṃ// evam ārādhito yogī sadbhūtaguṇakīrttanaiḥ/[241] śiṣye kāruṇyam utpādya kramam evam athārabhet/[242] {53a2}rātribhāgāpagame sūryodaya (32a2)prāpya[243] sandhyām atikramyāsmin kṣaṇe bāhyābhisambodhidṛṣṭyā adhyātmasambodhiṃ[244] prārthayati {53a3}yathoktam āgame/ āloko rātribhāgaḥ sphuṭaravikiraṇaḥ syād divālokabhāsaḥ/[245] sandhyālokopalabdhaṃ prakṛtibhir[246]

---

235 K: ābhāṣodayaṃ.

236 G: abhiṣiñcet.

237 G: śiṣya.

238 K: vinirmuktaḥ.

239 Missing in K because of damage to manuscript.

240 *Pañcakrama* IV 7-8.

241 K: omits *daṇḍa*.

242 *Pañcakrama* IV 15-16.

243 G: proka.

244 G: 'dhyātmasambodhiṃ.

245 K: omits *daṇḍa*.

246 G: prakṛtir.

asa{53a4}kṛd[247] yujyate svābhir etat/[248] no rātrir
(32a3)[nāpi saṃ][249]dhyā na ca bhavati divā yaḥ prakṛtyā vimuktaḥ sa syād bodhikṣaṇo yaṃ varagu{53a5}rukathito yogināṃ eva gamyaḥ/ naiśaṃ[250] dhvāntaṃ vinaṣṭaṃ vyapagatam akhilaṃ sāndhyatejaś[251] ca yasmin bhāsvān nodeti yāvat kṣaṇa iha {53b1}vimale darśayed bhūtakoṭiṃ/[252] śi
(32a4)ṣyācāryamukhyo vinihatatimiro bāhya[253]sambodhidṛṣṭyā prāpnoty adhyātmasaukhyaṃ vyapagatakaluṣaṃ[254] bu{53b2}ddhabodhiṃ kṣaṇena//[255] evaṃ śūnyacatuṣṭayasya bāhyanidarśanaṃ pratipādya idānīm adhyātmasambodhiṃ[256] pratyātmavedyalakṣaṇaṃ {53b3}[darśayed anena kramеṇa/][257] tatrāyaṃ kramaḥ
(32a5)prathamaṃ marīcikākāraṃ pañcaraśmi[puñjaṃ][258] paśyet/[259] dvitīyam ālo

---

247 G: asa{53a4}kṛt.

248 K: omits *daṇḍa*.

249 Missing in K because of damage to manuscript.

250 G: naisaśaṃ

251 G: sādhyatejaś

252 K: omits *daṇḍa*.

253 K: bahya

254 G: adhyātmasaukhyavyapagatakaluṣaṃ

255 *Pañcakrama* IV 17-18

256 G: ādhyātmasambodhiṃ

257 Found only in G.

258 Illegible in K because of damage to manuscript.

259 G: paśyed.

[kaṃ][260] candraraśmini{53b4}bhaṃ tṛtīyam ālokābhāsaṃ sūryaraśminibhaṃ caturthaṃ tāmasākāraṃ ālokopalabdhakaṃ/ tatas tamo 'pagate[261] kṣaṇāt/ {53b5} prabhāsvaram atisvacchaṃ[262] satatālo

(32a6)ka[263]svabhāvaṃ paramārthasatyalakṣa[ṇaṃ jñā][264]nacakṣuṣā paśyet/ evaṃ sarvvaśūnyaṃ sākṣāt kṛtvā dvi{54a1}vidhaṃ dhyānam[265] ālambayet/ anena krameṇa tatrāyaṃ kramaḥ/ toye nirmmalake nadīsarasi vā binduś ca yo līnakaḥ/ tadvat kramaśo 'nu{54a2}bhe[daṃ ga]

(32a7)[di][266]taṃ yogīśvare[267] nityaśaḥ/ ādarśesthanilakṣayaṃ ca[268] kramagataṃ tadvat[269] saṃprekṣate piṇḍagrāha iti [kramo][270] vi{54a3}dhimatām evaṃ samutprekṣate//[271] atha vajraśiṣyo[272] dvividhābhisambodhikāmopadeśadvividha-dhyānaṃ vādhigamya/ pu{54a4}ṣpāñjalidhāritahastaḥ prahasita[vadano bhūtvā]

---

260 Illegible in K because of damage to manuscript.

261 G: tamopagate.

262 K: iti svacchaṃ.

263 G: satatāvoka.

264 Illegible in K because of damage to manuscript.

265 G: jñānaṃ.

266 Illegible in K because of damage to manuscript.

267 G: yogīsmare.

268 G: ādarśekṣunilakṣayaṃ caなし。

269 G: tadvataṃ.

270 Found only in G.

271 *Caryāmelāpakapradīpa* 07.038-39.

272 K: vajrasatvo.

273

(32a8)prajñājñānābhiṣekena prabhāsvaropadeśagrahaṇārthaṃ vajragurum a{54a5}dhyeṣate/ ity anena prayaccha me mahānātha abhisambodhidarśanaṃ karmmajanmavinirmuktaṃ ābhāsatrayavarjjitaṃ/[274] atha vajrācā{54b1}ryo [nirīkṣyāmānam iva śiṣyaṃ/ tasmai paramārthanāya bodhicittan dadyād anayā gāthayā/][275]

(31b1)[sarvabhāvavigataṃ skandhadhātvāyatana]grāhyagrāhakavarjji{54b2}taṃ/ dharmmanairātmyasamatayā svacittam ādyanutpannaṃ śūnyatāsvabhāvam[276] iti/ [tataś ca vyākhyānaratnena prabhāsvaraṃ pratipā{54b3}dayed iti/ śūnyatrayaviśuddhir yā prabhāsvaram ihocya][277]

(31b2)te/ sarvvaśūnyapadaṃ[278] tac ca jñānatrayaviśuddhitaḥ/ jñānaśuddhipa{54b4}daṃ[279] tatvaṃ sarvvajñatvam anuttaraṃ nirvvikāraṃ nirābhāsaṃ nirdvaṃdvaṃ paramaśivaṃ/[280] guhyendumaṇitilake[281] yogatantre [']py āha/ {54b5}sarvvāṅgabhāvanātītaṃ [kalpanākalpavarjitaṃ/ mātrābindusamātītaṃ etan maṇḍalam uttama]

---

273 Illegible in K because of damage to manuscript.

274 *Pañcakrama* IV 13.

275 Illegible in K because of damage to manuscript.

276 *Guhyasamāja* II (=bodhicittagāthā).

277 Illegible in K because of damage to manuscript.

278 G: sarvaśūnyapadan.

279 G: jñānaśuddhipa{54b4}dan.

280 G: paramaṃ śivaṃ/; *Pañcakrama* II 50cd-51cd.

281 G: guhyendumaṇitilaka.

(31b3)m iti/ mahāyānasūtraṃ lalitavistare{55a1} coktaṃ/ abhisaṃbodhikāmo yaṃ śākyasiṃhas tathāgataḥ/ mahāśūnyena buddhatvaṃ[282] prāpṇotīty abhimānataḥ nirañjanānadī{55a2}tīre niṣadyāsphānakaṃ gataḥ/[283] tilabimbavad saṃpū[rṇṇāḥ khamadhyasthā jinās tadā ekasvareṇa][284]
(31b4)taṃ prāhur acchaṭena jinau{55a3}rasaṃ//[285] aviśuddham idaṃ dhyānaṃ nacaitad iṣṭakāvahaṃ/[286] prabhāsvaratvam[287] ālambya ākāśatalavat param/ prabhāsvarapade[288] {55a4}prāpte svecchārūpas tu jāyase/[289] sarvvaiśvaryaṃ tadā prāpya vajrakāyaḥ pramodase// evaṃ śrutvā tu taṃ śabdaṃ visṛjyāsphā
(31b5)na{55a5}kaṃ[290] tataḥ/[291] niśārddhasamaye tatvam ālambaiva jinaurasaḥ/ ṛju[r] naiva ca kāyena na cāpy anṛjur[292] eva ca/[293] sāsano 'sāsa{55b1}no naiva[294]

---

282 G: buddhatvaṃ/

283 K: omits *daṇḍa*; G: niṣadyāsphānakaṅ gataḥ.

284 Illegible in K because of damage to manuscript.

285 K: omits *daṇḍa.*

286 K: omits *daṇḍa.*

287 K: prabhāsvaratvaṃm.

288 G: prabhāsvara{p̱ṟa̱}pade.

289 K: omits *daṇḍa.*

290 G: visṛjyasphāna{55a5}kan.

291 K: omits *daṇḍa.*

292 K: anṛju{e}r.

293 K: omits *daṇḍa.*

294 G: naiva na.

maunī nāpy amaunavān/[295] nonmīlitanetraś ca na ca mīlitalocanaḥ/ svacchavyaktaṃ mahājñānaṃ sarvva (31b6)[dbhu]taṃ atha paśyati tad vya{55b2}ktaṃ gurupādaprasādataḥ/[296] anāgatam atītañ ca varttamānaṃ bhavatrayaṃ tat kṣaṇāt/ nikhilaṃ paśyet prabhāsvaraṃ viśuddha{55b3}dhṛk/[297] jalacandramarīcyādimāyāguṇa-vibhūṣitaḥ/ aruṇodgamakāle tu vajropamasamādhinā niṣadya[298] [bo] (31b7)[dhimūle tu][299]{55b4}so 'karon mārabhañjanaṃ// saṃprāpya śākyanāthena tatvajñānam anuttaraṃ/[300] jagattrayahitārthāya tad eveha pradarśitaṃ/[301] {55b5}tatvajñānam iti proktam abhisambodhidarśanaṃ pañcānantaryakarmmā ca mandapuṇyo [']pi yo naraḥ/[302] guruprasādāt prāpnoti cintāmaṇi{56a1}r[303] i (31b8)[vāparaṃ yatheṣṭaṃ kuru][304]te caryāṃ sambuddho [']yam anāgataḥ/[305]

295 K: omits *daṇḍa.*

296 K: omits *daṇḍa.*

297 K: prabhāsvaraviśuddhadhṛk/.

298 G: niṣadyo.

299 Illegible in K because of damage to manuscript.

300 K: omits *daṇḍa.*

301 G: omits *daṇḍa.*

302 K: omits *daṇḍa.*

303 G: cintāmaṇi{56a1}m.

304 Illegible in K because of damage to manuscript.

305 K: omits *daṇḍa. Pañcakrama* II 53-63.

paramādye [']py uktaṃ/[306] rāgādīnāṃ viśuddhir yā pāramādye pradarśitā[307] sarvvaśūnyaṃ samu{56a2}ddiśya[308] sāpi proktā[309] tathāgataiḥ/ nānāsūtreṣu tantreṣu[310] yat tatvam upa[darśitam][311] sarvvaśūnyaṃ padaṃ hy etat nānyat tatrābhidhīya{56a3}te/ catu

(29b1)[raśīti sāhasre dharmmaskandhe mahā][312]muneḥ sārāt sārataraṃ proktam abhisambodhilakṣaṇaṃ// jaṭī nagnaś ca muṇḍo {56a4}vā śikhī niḥsaṅgavṛttikaḥ [313] tais tair vividhair liṅgair abhisambodhikāminaḥ/ teṣāṃ tatvavihīnānāṃ vratacaryādikaḥ {56a5}kramaḥ// tatvajñānavihīnatvāt tena mukti

(29b2)[r nna][314] labhyate/[315]uktaṃ cāryanāgārjunapādaiḥ/[316] yad astināsti-vyavahāramuktaṃ na ca[317] puṇyarū{56b1}paṃ na ca pāparūpaṃ/[318] na

306 K: omits *daṇḍa.*

307 G: pradarśitaṃ.

308 K: inserts *daṇḍa.*

309 G: proktāḥ.

310 G: mantreṣu.

311 Illegible in K because of damage to manuscript.

312 Illegible in K because of damage to manuscript.

313 K: naḥsaṅgavṛttikaḥ.

314 Illegible in K because of damage to manuscript.

315 *Pañcakrama* II 67-71.

316 K: uktaṃ cāryanāgā{pa}rjunapādaiḥ; G: uktañ ca/ āryanāgārjunapādaiḥ/.

317 G: muktan na.

318 K: omits *daṇḍa.*

puṇyapāpātmakam agrabhūtaṃ tat sarvvaśūnyaṃ pravadanti buddhāḥ//[319] evaṃ vidhaṃ tatvaṃ avāpya yogī carācarātmā jagad ekabandhuḥ/ yaḥ {56b2}paryaṭej [320] jñānamayo nṛ

(29b3)siṃhaḥ kṛtsnaṃ jagat so 'vyayakāyalābhī//[321] iti prabhāsvarakramaḥ// //idānīṃ satyadvayādvai{56b3}dīkāralakṣaṇaḥ[322] sarvvadvandvavivarjjitaḥ/ yuganaddhakramo[323] 'vatāryate//[324] saṃvṛtisatyaṃ punar dvādaśadṛṣṭāntena[325] pratipāditaṃ/ {56b4}svasamvedyaṃ nirupalambhaṃ[326]

(29b4)devatārūpaṃ paramārthasatyaṃ tu anāhataṃ[327] [anabhi][328]bhūtaṃ sarvvaśūnyaṃ na vṛddhir na parihāṇiḥ {56b5}suviśuddhaṃ khasamaṃ[329] nirmalasvabhāvaṃ evaṃbhūtaṃ prabhāsvaraṃ praviśya niḥsvabhāvo bhūtvā ko [']sav utthiṣṭhate ko [']sau yuganaddha{57a1}krameṇāsaṃsāraṃ[330] satsukham a

---

319 K: omits *daṇḍa.*

320 G: paryaṭet.

321 G: *Pañcakrama* IV 21-22.

322 G: satyadvayādva{56b3}yadhīkāralakṣaṇaḥ.

323 G: sarvvadvandvavivarjjitayuganaddhakramo.

324 K: avatāryate/.

325 K: dvadaśadṛṣṭāntena.

326 G: nirupalambha.

327 G: anātmakaṃ.

328 Illegible in K because of damage to manuscript.

329 K: suviśuddhasakhasamaṃ.

330 K: yuganaddha{57a1}krameṇāsaṃśāraṃ.

(29b5)nubhavati/ ko [']sāv avaivarttiko bhavati/[331] kim artho mokṣaḥ kuto mukta iti praśnaḥ// atra vajrayāne {57a2}utpattikramasākṣātkaraṇenāṣṭamīṃ bhūmiṃ[332] prāpya punaḥ punaḥ sugatāv upapadya[333] yāvan niṣpannakramaṃ na labhate/ śrīguhyasamājata{57a3}ntrānu

(29b6)sāreṇa tāvat kalyāṇamitram ārādhayet/ [kāyavā][334]kcittavivekaprāpto [']pi daśabhūmiṃ prāpya māyopamasamādhiṃ[335] {57a4}labhate/ tam adhigamyābhāsaviśuddhiṃ pratilabhate/ nirābhāsād vyutthāya yuganaddhavāhyaṃ krameṇa buddhakāyaṃ sākṣā

(29b7)t {57a5}kṛtvā vajropama[samādhi][336]naḥ sarvvabuddhālaṃkṛto viharati/[337] yo 'nena nyāyenābhisambodhikrameṇa prabhāsvaropadeśaṃ {57b1}labdhvā[338] nirmmalasvabhāvaṃ kāyavākcittaṃ pratyakṣī[339] karoti/ sarvvaśūnyatvāt tasya jñānatrayaviśuddhaḥ prajñāpāramitāsvabhāva

(29b8)ḥ/ nāsti cintā na tūṣṇīṃ {57b2} so 'pi[340] nirvvā[ṇadhātur

331 G: ko sadaivai[tta]varttiko bhavati/.

332 K: karaṇenāṣṭabhūmiṃ.

333 G: utpadya.

334 Illegible in K because of damage to manuscript.

335 K: samādhi.

336 Illegible in K because of damage to manuscript.

337 *Caryāmelāpakapradīpa* 08.001-003.

338 K: labdho.

339 G: kāyavākcittapratyakṣī.

340 G: yaṃ.

apūrvvaduḥspa]rśaḥ karmmajanmavinirmuktaḥ/[341] ābhāsatrayāṇāṃ prabhāsvarabhāvo[342] 'tisvacchaḥ/[343] tasmāt [svacchāt][344] {57b3} sandhyāsvabhāvamahāśūnyodayo bhavati/ tasmāt svacchādityaraśmyavabhāsāt sa prabhāvāt[345] {57b4}[tasmāt svacchacandraraśmyavabhāsaśītalasvabhāva][346]
(30a1)[śūnyajñānodayo bhava][347]ti/ ataś[348] catuḥśūnyaikībhūtam ālokaṃ puñjavat/ {57b5}khadyotakākāraṃ/ [sarvalokadhātvavabhāsinaṃ sūkṣmadhātusahitaṃ[349] chāyākāram acchedyābhedyaṃ vajrakāyasvabhāvam acyutam anāsravaṃ][350]
(30a2){58a1}[sarvakleśavāsanāvinirmuktam icchā][351]vasitāprāptaṃ jalān mīna iva suptaprabuddha iva paramānandamūrttirūpaṃ niṣpadyate/ yan nāmarūpātmako {58a2}mahāvajradhara iti/ saṃsārabandhanān[352] muktatvān[353]

---

341 K: nirmukta; G:vinimuktaḥ/.

342 G: prabhāsvabhāvo.

343 K: omits *daṇḍa*.

344 Missing in K because of damage to manuscript.

345 K: yaḥ prabhāvāt.

346 Missing in K because of damage to manuscript.

347 Missing in K because of damage to manuscript.

348 G: ataḥ.

349 G: śūkṣmadhātusahitaṃ.

350 Missing in K because of damage to manuscript; G: anāśravaṃ.

351 Missing in K because of damage to manuscript.

352 K: sansārabandhanān.

353 K: muktatvāt.

mukta ity ucyate/[354] [sa eva mokṣo yuganaddha iti/]

(30a3)[imam eva] vyutthānakramaṃ {58a3}śrīguhyasamājamahāyogatantre[355] sarvvatathāgā varṇṇayanti/ aho vajra/ aho vajra/ aho vajrasya deśanā yatra na kāyavā{58a4}kcittaṃ tatra rūpaṃ vibhāvyate/[356] samādhirājasūtre candraprabhaku[māre]

(30a4)[ṇāpi][357] tathāgatakāyo varṇṇitaḥ/[358] sa[359] khasamavirajā {58a5}vararūpadharā aśarīra alakṣaṇaprajñasutā sugaṃbhīraguṇodadhikāruṇikā [360] dada mūrddhni pāṇimanā pratimeti// āryāṣṭasahasrikāyā{58b1}m apy āha/ nirvvāṇaṃ māyo

(30a5)pamasvapnopamam iti vadāmi nirvvāṇād anyaḥ kaści[d] viśiṣṭataro dharmmaḥ syāt tam apy ahaṃ māyopamaṃ svapnopamam iti vadāmi/[361] tad e{58b2}vāpratiṣṭhitaṃ nirvvāṇaṃ mokṣo yuganaddha iti// atha tasyai

(30a6)va lakṣaṇaṃ saṃvṛteḥ paramārthasya bhedaṃ jñātvā yathārthataḥ sammīlanaṃ tu yo {58b3}vetti tatvaṃ vetti sa paṇḍitaḥ// bhavanirvvāṇayor aikyaṃ jñātvā yat pravarttate/ kalpanādvayahāniś ca yuganaddhaṃ vadanti tat// dha

---

354 *Caryāmelāpakapradīpa* 08.015.

355 G: inserts *daṇḍa*.

356 *Guhyasamāja* XVII 38.

357 Missing in K.

358 K: omits *daṇḍa*.

359 G: omits *sa*.

360 G: sugabhīraguṇodadhikārukā.

361 *Caryāmelāpakapradīpa* 08.052-056.

(30a7)rmmapu{58b4}dgalanairātmyam ity evaṃ nāsti kalpanā yuganaddhaṃ bhavet tac ca yogināṃ padam avyayaṃ//[362] sākāraṃ ca nirākāraṃ[363] jñātvābhinnaṃ/[364] samāsataḥ {58b5}abhedan tu dvayor yatra tad āhur yuganaddhakaṃ/ prajñopāyasamāyogaṃ[365] jñātvā yatra pravarttate/ (30a8)[yuganaddhapadaṃ][366] tatra vadanti varayoginaḥ/ śuddhaṃ cāpa{59a1}riśuddhaṃ ca yatra nāstīti sarvvathā tayor e{ka}va samājaṃ yat tad bhaved yuganaddhakaṃ// kalpitaṃ paratantraṃ[367] ca dvidhārūpaṃ[368] na vidyate// vidyate caikatā yatra ta{59a2}d etad yuganaddhakaṃ// eta

(46b1)[c ca nayaṃ jñānaṃ nirvāṇam apratiṣṭhitaṃ/ paramā][369]nandamūrttitvaṃ saṃbuddhatvaṃ tathaiva ca/ śūraṃgamasamādhiś ca niṣpa{59a3}nnakrama ucyate/ vajropamasamādhis tu mā[yopamaś ca kathyate/ sūtrāntatantrakalpeṣu pathante hy abhilāpakāḥ// nirodhāda{59a4}yaḥ śabdās te sarve cāsya sūcakāḥ/ asmiṃś ca yaḥ sthito yogī]

(46b2)[yuga][370]naddhakrame sthitaḥ/[371] ucyate sa hi tatvajño māyādarśī ca

---

362 *Pañcakrama* V 14cd.

363 G: inserts *daṇḍa*.

364 K: omits *daṇḍa*.

365 K: prajñopāyamahāyogaṃ.

366 Missing in K because of damage to manuscript.

367 G: paratantrañ.

368 G: dvidhārūpan.

369 Missing in K because of damage to manuscript.

370 Missing in K because of damage to manuscript.

371 G: yuganaddhapade sthitaḥ/. K: omits *daṇḍa*.

vi{59a5}śvadhṛk/[372] tathaiva jñānamūrttiś ca satyadvayanaye[373] sthitaḥ/ prajñopāyātmako buddhaḥ [saṃsārārṇṇava][374]pāragaḥ/ kṛtakṛtyo mahā[yogī bhāvā][375]

(46b3){59b1}[bhāvavibhāvakaḥ/ māyājālābhisambuddhaḥ sarvajño lo][376] kanāyakaḥ/ svasa[mvedyam idaṃ tatvaṃ][377] mīlanaṃ satyayor dvayoḥ/[378] ye na jānanti mūḍhās te bhraṣṭāḥ[379] mu{59b2}nīndraśāsanāt/ nāpūrvam atra likhitaṃ kim api svabuddhyā saṃgranthitaṃ na ca suśobhanaśabda[vṛndaiḥ/ kiṃ tv etad eva cakuṣu prayamīkya]

(46b4){59b3}[yeṣām lābhaṃ na śaktir iha tān prati][380]pat sa eṣaḥ// aparā[kha]dho [']yam alpatvāt kṣantavyo vidūṣāṃ mama vikṣepo pi hi vālasyata? {59b4}noty evam vadaṃ guroḥ// ācāryanītim atulāṃ[381] bahutantradṛṣṭāṃ saṃgṛhya [puṇyam akhilaṃ yadi bhāvitaṃ me/ tena prabhāsvarapadaṃ{59b5}kramaśaḥ praviśya mārārivṛndavijayena]

---

372 *Pañcakrama* V 23.

373 G: satya{ṇa}dvayanaye

374 Missing in K because of damage to manuscript.

375 G: bhovā; Missing in K because of damage to manuscript.

376 Missing in K because of damage to manuscript.

377 Missing in K because of damage to manuscript.

378 G: mīlanaṃ satyadvayor dvayaḥ/.

379 G: bhraṣṭā.

380 Missing in K because of damage to manuscript.

381 G: akhilāṃ.

(46b5)[jino']³⁸² stu lokāḥ//[383] //vajrācāryanayottamaḥ samāptaḥ// //kṛtir iyaṃ maṇḍalācārya{ca}paṇḍitarāhulaguptapā[dānāṃ]

(46b6)..tathāgato hy avadat teṣāṃ ca yo nirodha evaṃ vādī mahāśramaṇaḥ//

(46b7)namo buddhāya namo dharmāya /guru kamaravātamā...

382 Missing in K because of damage to manuscript.

383 Ms. G ends.

アーリヤデーヴァ

Āryadeva

(*Aṣṭasāhasrikā-prajñāpāramitā* pantheon)

Outbreak of Kathmandu Manuscript

Frame	Fol.	Group	Contents
1.	1a	A	Book cover
2.	2a	A	Beginning of the *Vajrācāryanayottama*
	2b	A	Five kinds of confession(五悔)
3.	3a	A	
	3b	C	32 *mahāpuruṣalakṣaṇa*s and 80 *anuvyañjana*s
4.	4a	C	32 *mahāpuruṣalakṣaṇa*s and 80 *anuvyañjana*s
	4b	B	*Viṃśatividhi*.14-4-1〜14-5-4.
5.	5a	B	*Viṃśatividhi*.14-5-4〜15-2-2.
	5b	B	
6.	6a	B	
	6b	C	
7.	7a	C	
	7b	C	Niṣpannakrama_1R
8.	8a	C	Niṣpannakrama_1V
	8b	A	
9.	9a	A	
	9b	B	*Viṃśatividhi*.17-2-8〜17-3-6.
10.	10a	B	*Viṃśatividhi*.17-1-1〜17-2-8.
	10b	B	*Viṃśatividhi*.18-1-8〜18-2-5.
11.	11a	B	Nāgavidhi
	11b	B	*Viṃśatividhi*.13-1-7〜13-3-1
12.	12a	B	*Viṃśatividhi*.13-3-1〜13-3-8.
	12b	B	*Viṃśatividhi*.12-5-2〜12-5-4.

Frame	Fol.	Group	Contents
13.	13a	B	*Viṃśatividhi*.12-5-4～13-1-7.
	13b	B	*Viṃśatividhi*.16-3-2～16-4-6.
14.	14a	B	*Viṃśatividhi*.16-4-6～17-1-1.
	14b	B	*Viṃśatividhi*.15-3-7～15-5-2.
15.	15a	B	*Viṃśatividhi*.15-2-2～15-3-7.
	15b	B	Fire-offering（護摩）
16.	16a	B	Fire-offering（護摩）
	16b	B	Fire-offering（護摩）
17.	17a	B	Fire-offering（護摩）
	17b	C	
18.	18a	C	
	18b	B	*Viṃśatividhi*.17-5-1～18-1-8.
19.	19a	B	*Viṃśatividhi*.17-3-6～17-5-1.
	19b	B	*Viṃśatividhi*.13-3-8～13-4-4.
20.	20a	B	*Viṃśatividhi*.13-4-4～14-1-2.
	20b	B	*Viṃśatividhi*.12-4-6～12-4-7.
21.	21a	B	*Viṃśatividhi.12-4-7～12-5-2.*
	21b	B	*Viṃśatividhi*.12-3-7～12-4-5.
22.	22a	B	*Viṃśatividhi*.12-3-1～12-3-7.
	22b	C	Niṣpannakrama_2R
23.	23a	C	Niṣpannakrama_2V
	23b.	C	

Frame	Fol.	Group	Contents
24.	24a.	C	
	24b.	C	
25.	25a.	C	nāmābhiṣeka
	25b.	C	
26.	26a.	C	32 *mahāpuruṣalakṣaṇa*s and 80 *anuvyañjana*s
	26b.	C	Niṣpannakrama_4V
27.	27a.	C	Niṣpannakrama_4R
	27b.	B	Viṃśatividhi.16-1-4～16-3-1.
28.	28a.	B	Viṃśatividhi.15-5-2～16-1-4.
	28b.	C	Niṣpannakrama_3R
29.	29a.	C	Niṣpannakrama_3V
	29b.	C	Niṣpannakrama_7R
30.	30a.	C	Niṣpannakrama_7V
	30b.	C	
31.	31a.	C	
	31b.	C	Niṣpannakrama_6V
32.	32a.	C	Niṣpannakrama_6R
	32b.	C	
33.	33a.	C	
	33b.	B	*Piṇḍīkrama*,165-183
34.	34a.	B	*Piṇḍīkrama*,184-197
	34b.	C	*Samājasādhanavyavastholi*.10-2-1～10-3-1.
35.	35a.	C	akṣasūtravidhi

Frame	Fol.	Group	Contents
35.	35b.	C	32 *mahāpuruṣalakṣaṇa*s and 80 a*nuvyañjana*s
36.	36a.	C	iti vajralakṣaṇaṃ
	36b.	C	
37.	37a.	C	
	37b.	C	
38.	38a.	C	
	38b.	C	
39.	39a.	C	
	39b.	C	udakābhiṣeka
40.	40a.	C	
	40b.	C	
41.	41a.	C	
	41b.	B	*Viṃśatividhi*.14-1-2～14-2-2.
42.	42a.	B	*Viṃśatividhi*.14-2-2～14-4-1.
	42b.	C	Niṣpannakrama_5R
43.	43a.	C	Niṣpannakrama_5V
	43b.	B	*Piṇḍīkrama*,128-145
44.	44a.	B	*Piṇḍīkrama*,145-165
	44b.	A	Five kinds of confession(五悔)
45.	45a	A	
	45b	B	*Samājasādhanavyavastholi*.10-4-5～11-1-2.
46.	46a	B	*Samājasādhanavyavastholi*.10-3-1～10-4-4.
	46b	C	Niṣpannakrama_8R

The *Akṣasūtrapratiṣṭhāvidhi* and the *Vajrācāryanayottama*

Frame	Fol.	Group	VNU	Frame	Fol.	Group	VNU
1.	1a	A	1a	14.	14a	C	37a
2.	2a	A	1a (dx.)		14b	C	36a
3.	3a	A	1a (dx.)	15.	15a	C	35b
4.	4a	A	2a		15b	C	34b
	4b	C	25a	16.	16a	C	35a
5.	5a	C	24b		16b	C	32b
	5b	C	24a	17.	17a	C	33a
6.	6a	C	23b		17b	B	33b
	6b	C	22b	18.	18a	B	34a
7.	7a	C	23a		18b	C	32a
	7b	C	29a	19.	19a	C	31b
8.	8a	C	28b		19b	C	30a
	8b	C	41a	20.	20a	C	29b
9.	9a	C	40b		20b	C	31a
	9b	C	39b	21.	21a	C	30b
10.	10a	C	40a		21b	B	11a
	10b	C	38b	22.	22a	B	10b
11.	11a	C	39a		22b	A	8b
	11b	C	38a	23.	23a	A	9a
12.	12a	C	39a (dx.)		23b.	B	12b
	12b	C	38a (dx.)	24.	24a.	B	13a
13.	13a	C	37b		24b.	C	8a
	13b	C	36b	25.	25a.	C	7b
					25b.	C	42b

Frame	Fol.	Group	VNU	Frame	Fol.	Group	VNU
26.	26a.	C	43a	38.	38a.	C	18a
	26b.	B	42a		38b.	B	19b
27.	27a.	B	41b	39.	39a.	B	20a
	27b.	B	11b		39b.	B	18b
28.	28a.	B	12a	40.	40a.	B	19a
	28b.	A	3a		40b.	B	22a
29.	29a.	A	2b	41.	41a.	B	21b
	29b.	C	3b		41b.	B	21a
30.	30a.	A	2b (dx.)	42.	42a.	B	20b
	30b.	C	3b (dx.)		42b.	B	6a
31.	31a.	C	4a	43.	43a.	B	5b
	31b.	B	4b		43b.	C	6b
32.	32a.	B	5a	44.	44a.	C	7a
	32b.	B	44a		44b.	C	25b
33.	33a.	B	43b	45.	45a	C	26a
	33b.	A	44b		45b	C	27a
34.	34a.	B	43b (dx.)	46.	46a	C	26b
	34b.	A	44b (dx.)		46b	B	28a
35.	35a.	A	45a	47.	47a	B	27b
	35b.	B	16a		47b	B	10a
36.	36a.	B	15b	48.	48a	B	9b
	36b.	B	16b		48b	B	46a
37.	37a.	B	17a	49.	49a	B	45b
	37b.	C	17b				

Göttingen Sansc Xc 14/30 (Taf. 020)

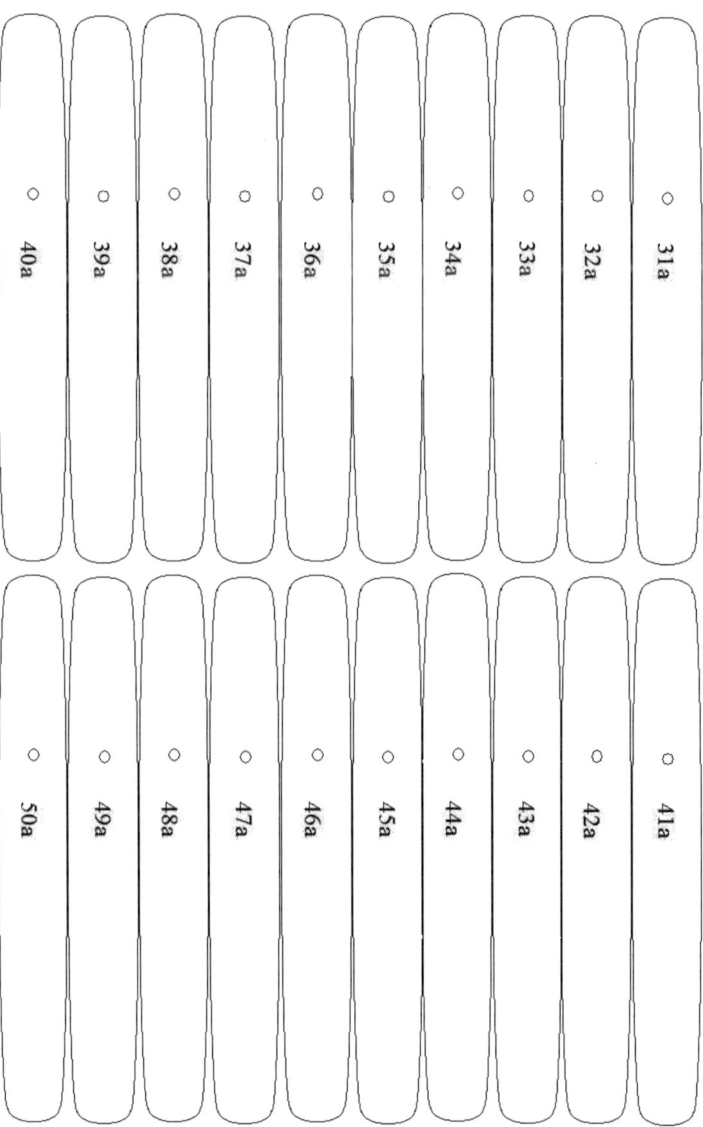

Göttingen Sansc Xc 14/30 (Taf. 021)

31b

32b

33b

34b

35b

36b

37b

38b

39b

40b Niṣpannakrama begins

41b

42b

43b

44b

45b

46b

47b

48b

49b

50b

Göttingen Sansc Xc 14/30 (Taf. 022)

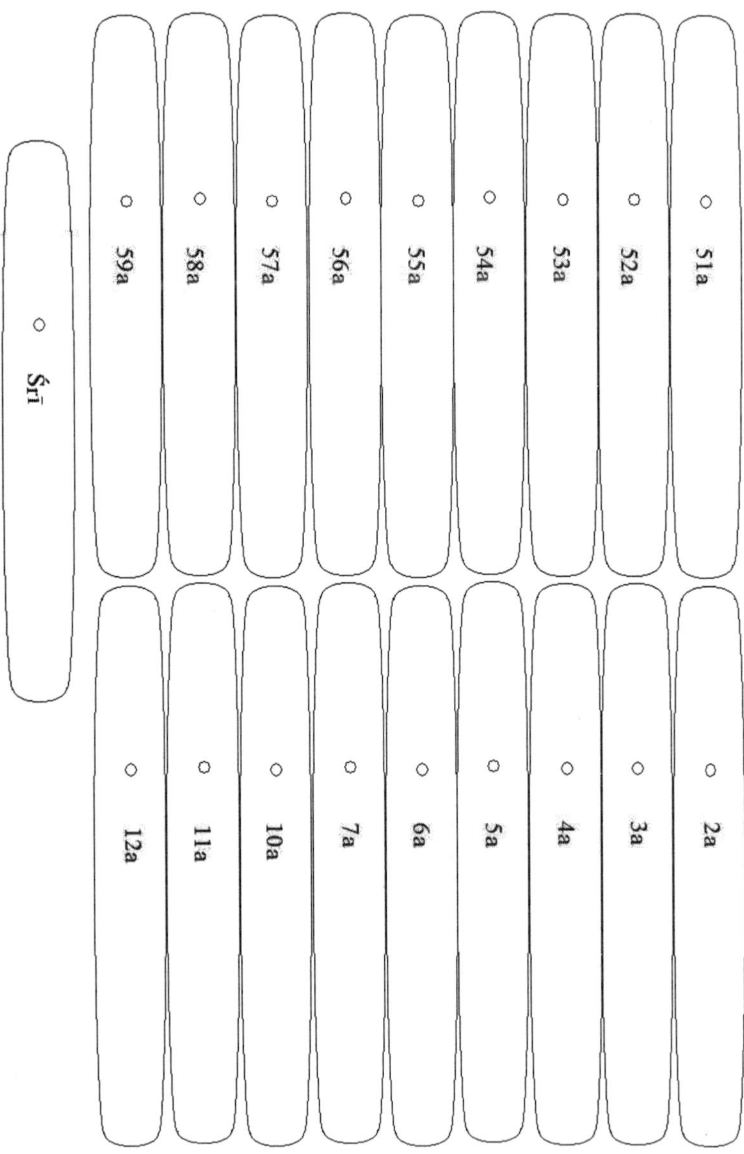

Göttingen Sansc Xc 14/30 (Taf. 023)

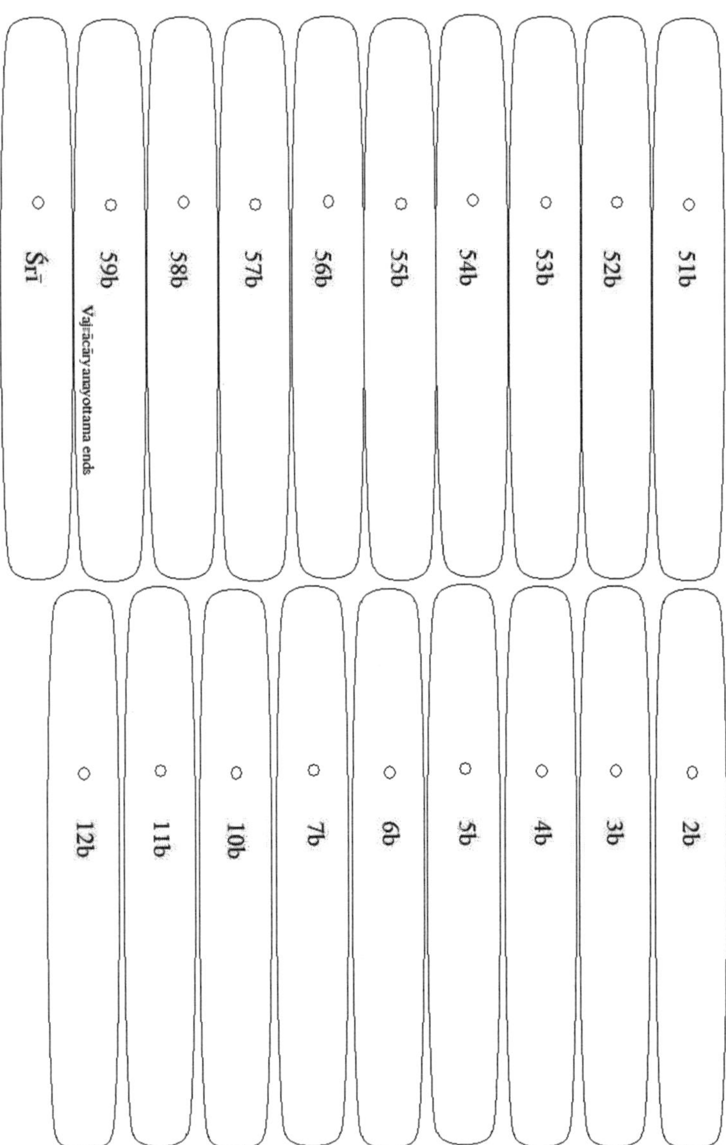

Piṇḍīkṛtasādhanapañjikā (Appendix I)

tatvaṃ ye{40b5}na	[1320][1]de nas 'di dag
na jānanti	de kho na ñid daṅ bral bas
te ca sarvve ca niṣphalā iti/	bsgrub par bya ba ma yin pas
atas tatvam avatāryate/	de'i 'og tu de la 'jug par bya ste/
kin tat tatvaṃ/ bodhicittaṃ	de kho na ñid ni byaṅ chub kyi sems
ādyanutpannam śāntam iti	gdod ma nas ma skyes pa'i źi ba ste/
yad uktaṃ bha{41a1}gavatā	gsaṅ ba 'dus pa'i rgyud
samājottara(8a5)vyākhyātantre/	phyi mar yaṅ gsuṅs pa/
anādinidanaṃ śāntaṃ	thog ma tha ma med źi ba//
bhāvābhāvakṣayaṃ vibhuṃ/	dṅos daṅ dṅos med zad pa'i gtso//
śūnyatākaruṇābhinnaṃ	stoṅ ñid sñiṅ rje dbyer med pa//
bodhicittam iti smṛtaṃ/	byaṅ chub sems źes bya bar dran[2]//

1 The transcription of the Tibetan text is based on China Tibetology Research Center 1997, and the corresponding page numbers have been enclosed in square brackets ([ ]). As has been pointed out by Western scholars, the CTRC edition is not philologically sound and contains numerous mistranscriptions or misprints. However, no other printed edition comparing four woodblock editions (sDe dge, Peking, sNar thang, and Co ne) is currently available.

2 A quotation from *Guhyasamāja* 18.38. In this case, *smṛtaṃ* means "handed down." Therefore, it is inadequate to translate it as *dran*, which means to "memorize." The Tibetan translation of the *Guhyasamāja* translates it as *źes bya ba yin.*

etac ca	'di rnams kyaṅ
kāyavākcittavivekādivyatirekeṇa	lus la sogs pa rnam par dben pa daṅ bral bas
na sidhyatīti/	bsgrub par bya ba ma yin no źes pas
tad avatāryate/	de gsuṅs pa/

tatra sādhakaḥ śūnyatādhimokṣeṇa	sgrub pa po stoṅ pa ñid du lhag par mos pas
(8a6){41a3}prākṛtāhaṃkāram	tha mal pa[3]
apanīya jhaṭ ity	bsal nas
ātmānaṃ mahāvajradhararūpaṃ	bdag ñid rdo rje 'chaṅ chen po'i gzugs
śuklavarṇṇaṃ	dkar po
dvibhujam ity ādinā/	phyag gñis pa źes bya ba la sogs pa nas

evaṃ caturyogakaras tu {41a4}yogī	de ltar rnal 'byor bźi byed rnal 'byor pa/
hūṃkāragarbbhaṃ	hūm yig sñiṅ por
pravicintya lokaṃ dṛṣṭvā	'jig rten rab tu bsgom//
jagattadbhavavajrasatvaṃ	de byuṅ 'gro kun rdo rje sems dpa' bsam//
vyutthāya taddhīr vvicared	laṅs nas gaṅ gñis[4] ji bźin spyod par bya//
yathāvad iti paryante(8a7)na/	źes pa'i mthar thug pas so//

---

3 *Prākṛtāhaṃkāra* is a technical term of the *utpattikrama* and is usually translated as *tha mal pa'i ṅa rgyal* in Tibetan. It is not clear whether *ahaṃkāra* was missing in Bu ston's original manuscript or not.

4 A quotation from *Piṇḍīkrama* 217. However, *gaṅ gñis* does not make sense. *taddhīr* seems to have been interpreted as *tābhyām*, du. inst./dat./abl. of the pronoun *tad*. The Tibetan translation of the *Piṇḍīkrama* translates it as *'gro la bltas te*.

upala{41a5}bdhamantrātmakasya	sṅags kyi bdag ñid can gyi
vajradharakāyasyā-	rdo rje 'chaṅ gi sku ni
līkatvaṃ yad	gaṅ źig
asvabhāvasvabhāvatvena	raṅ bźin med pa'i raṅ bźin ñid kyis
parijñānaṃ	yoṅs su śes pa las brdzun pa ñid du
sa kāyavivekaḥ/	ñe bar dmigs pa de lus rnam par dben pa'o//
athavā	gźan yaṅ gaṅ źig lus ni
śatakulaprabhe{41b1}denā-	rigs brgya'i rab tu dbye bas
līkatvaṃ yat kāyasya/	brdzun pa ñid de/
kulāḥ śatavidhāḥ proktā	rigs ni rnam pa brgyar gsuṅs pa//
ity āgamāt	źes rtogs śiṅ kun du bltas nas[5]
lokavyavahāreṇaivā-	tha sñad byed pa ñid daṅ
līkatvaṃ	
kumārayauvana-	gźon nu daṅ/ laṅ tso daṅ/
vṛ(8a8)ddhāvasthānāṃ	rgan pa'i gnas skabs kyi
svabhāvānupala{41b2}bdheḥ/	raṅ bźin ñe bar dmigs pa med pa
tasmād	de'i phyir brdzun pa ñid du
āgamādhigamābhyāṃ	rtogs pa daṅ lhag par rtogs pa dag las
traidhātukasthita-	khams gsum du gnas pa'i
kāyasyālīkatvaṃ	lus ni brdzun pa ñid de
kāyavivekaḥ/	lus rnam par dben pa'o/ /

5 Bu ston translated *āgama* as *rtogs*. But it means "sacred works" and should be translated as *gźuṅ*.

yathā jalatalāntarggatasya	chu'i mthil gyi naṅ du soṅ ba'i
kāyasyeti/	lus ji lta ba bźin no źes so//
hūṃkāragarbbha{41b3}m iti	[1321]hūm yig sñiṅ por źes pa ni
tryakṣarasamudbhūtatvāt/	yi ge gsum las
	yaṅ dag par byuṅ ba ñid kyi phyir ro//
kāyasyālīkatvaṃ jñātvā	lus ni brdzun pa ñid du śes nas
tatkāraṇasya tryakṣarasya	de'i rgyu'i yi ge gsum yaṅ
katham alī(22b1)katvaṃ/	brdzun pa ñid du brjod do//
tatra vāyutatvānupūrvveṇa	de yaṅ rluṅ gi de ñid sṅon du soṅ ba daṅ
{41b4}vinā na prajñāyate/	bral bas yin no źes pas[6]
vāyutatvaṃ nāma prāṇavāyuḥ/	de dag gsuṅs pa/ rluṅ gi de ñid ni srog ste/
sa nāsikāc chidrābhyāṃ	de ni sna'i bu ga dag nas
caturmmaṇḍalakrameṇa	dkyil 'khor bźi'i rim gyis
praveśasthitivyutthānair	'jug pa daṅ gnas pa daṅ ldaṅ ba rnams kyi
dvyayutaśa{41b5}taṣodaśaṃ	khri phrag gñis daṅ/ brgya phrag bcu drug tu
bhavati/	'gyur te/
teṣu praveśādiṣu/	'jug pa la sogs pa de rnams su
Oṃ Āḥ Hūṃ iti	Om Āḥ hūm źes pa'i
sāṃketiko mantrajāpaḥ/	brdar 'gyur ba can gyis bzlas pa'o//
tasya bhāvanayā	de sgom par byed pas/
nāsāgre sarṣapaṃ (22b2)cintet/	sna yi rtse mor yuṅs kar bsam//

6 Bu ston did not translate *na*, and therefore the meaning of his translation is the opposite of what it should be.

sarṣa{42a1}pe ca	’gro daṅ mi ’gro
sacarācaraṃ bhāvayed	yuṅs kar la//
ityādinā	źes bya ba la sogs pas
prakarṣaparyante	mchog tu mthar thug par gyur pas/
nadyayutaśataṣodaśanirodhāt/	rluṅ thams cad ’gags te
tryakṣarasyāpi nirodha ity	
alīkatvaṃ	brdzun pa ñid du gyur pa’i
āvāco vāgvi{42a2}vekaḥ/	ṅag ni ṅag rnam par dben pa ste/
yathā pratiśabdasya/	sgra brñan ji lta ba bźin no//
anenaiva krameṇa	rim pa ’di ñid kyi[s]
vāyusaṃyuktatvāc cittasya	rluṅ ’gag pa las
grāhyagrāhakagrahanarūpasya	gzuṅ bya daṅ ’dzin pa po daṅ/ ’dzin pa’i
tatkārya	raṅ bźin gyi sems daṅ de’i bya ba
ṣaṣṭyuttaraśata(22b3){42a3}prakṛter	drug cu lhag pa’i brgya’i raṅ bźin yaṅ
api virāga-	’dod chags daṅ bral ba daṅ/
rāgamadhyarāgāder	’dod chags daṅ ’dod chags bar ma la sogs pa
alīkatvam iti	brdzun pa ñid ni
cittavivekaḥ/	sems rnam par dben pa ste/
yathā svapnacittasya/	ji ltar rmi lam gyi sems bźin no//
evaṃ dvitīyavajrajāpakrameṇa	de bźin du gñis pa rdo rje’i bzlas pa’i rim pas
vā{42a4}kcittayor	ṅag daṅ sems
asvabhāvasvabhāvaparijñānāt/	dṅos po med pa’i raṅ bźin yoṅs su śes nas
tā eva prakṛtayo	
dvāṣaṣṭidṛṣṭayo	lta ba drug cu rtsa gñis daṅ
’ṣṭānavatikleśāś ca	ñon moṅs pa dgu bcu rtsa brgyad kyaṅ

Bu ston, Rin chen grub (Źa lu Monastery)

Karmāntavibhāga (Appendix II)

	mtshan mo ñin mo'i dbye ba yis/
	yaṅ nas yaṅ du rab tu 'jug/
(23a1) pṛthagbhāve caturṇṇāṃ ca	bźi rnams so so'i dor son pa/
gate skandhe tathendriye//	de bźin phun po dbaṅ la'o//18//
krameṇānena līyante	sṅon ni ji ltar 'oṅs pa bźin/
ya{43a5}thaivāgamanaṃ purāḥ/	rim pa 'di yis thim 'gyur te/
prāṅ mahī salilaṃ gacchej	daṅ po sa ni chu la 'jug/
jalaṃ gacchati pāvakaṃ/	chu ni me la thim 'gyur źiṅ//19//
pāvako vāyum anveti	me ni rluṅ la thim par 'gyur/
vāyur vi(23a2)jñānam āviśet/	rluṅ ni rnam par śes la 'jug/
vijñānaṃ dhāraṇaṃ {43b1} gatvā	rnam śes 'dzin par gśegs nas su/
prabhāsvaram athāviśet/	'od gsal bar ni de nas źugs//20//
tasmād gandharvvatāṃ gatvā	de las dri za ñid gyur nas/
jāyate karmmacoditaṃ//	las kyis bskul las skye bar 'gyur/
evaṃ janmasamudreṣu	de ltar skye ba stoṅ rnams su/
bhūtvā bhūtvā punaḥ punaḥ	skyes śiṅ skyes nas yaṅ daṅ yaṅ//21//
prakṛtyāvarttasaṃbhrāmāt	raṅ bźin bskor źiṅ kun du 'khrul/
{43b2}pāraṃ na labhate jagat//	rtog ge rnams kyi yul min la/

ābhāsasya parijñānaṃ/
tā{48b5}rkikāṇām agocaraṃ/

snaṅ ba yoṅs su śes pa ni/
'gro bas ma rñed par du'o//22//

ābhāsamīlanañ cāpi
punar a(26b2)tyantadurlabhaṃ//
rajas tamaś ca satvañ cety
evaṃ saṃkalpyate paraiḥ/

snaṅ ba rñed pa dag kyaṅ ni/
slar yaṅ rñed pa śin tu dka'/
rdul daṅ mun pa sñiṅ stogs śes/
'di ni gźan gyis kun du brtags//23//

ābhāsatrayam evaitat
svābhāvajñānahāṇitaḥ/
{49a1}bhavanirvvāṇahetuś ca
jñānatrayam idaṃ mataṃ/

snaṅ ba gsum po 'di dag ni/
raṅ bźin śes pa spaṅs pa'i phyir/
srid daṅ mya ṅan 'das pa'i rgyu/
ye śes gsum po 'di ru bźed//24//

ābhāsaprakṛtīr yatra
sthānaṃ tatra puṇyapāpayoḥ/
ābhāsatrayaśuddhasya
ni(26b3)yataṃ saugatapadaṃ//

snaṅ ba'i raṅ bźin gaṅ du gnas/
de ru sdig daṅ bsod nams dag/
snaṅ ba gsum po dag pa ni/
ṅes par bde bar gśegs pa'i gnas//25//

brahmā {49a2}viṣṇuś ca rudraś ca
ye cānye kapilādayaḥ/
prakṛtyābhāsasaṃmūḍhāḥ
viśuddhau cāpi sarvvathā//

tshaṅs pa khyab 'jug drag po daṅ/
gaṅ gźan ser skya la sogs rnams/
raṅ bźin snaṅ ba kun du rmoṅs/
rnam dag la yaṅ rnam kun du//26//

ビブリオグラフィー (Bibliography)

【邦文】[Japanese]

酒井真典 [Sakai, Shinten] 1956. 『増補修訂　チベット密教教理の研究(一)』[A study of esoteric Buddhist doctrine in Tibet (enl. & rev. ed.)] (国書刊行会)

桜井宗信 [Sakurai, Munenobu] 1996. 『インド密教儀礼研究』[A study of tantric Buddhist ritual: *Abhiṣeka* rites in late tantric Buddhism] (法藏館)

田中公明 [Tanaka, Kimiaki] 1997, 『性と死の密教』[The Sexology and Thanatology of Buddhism] (春秋社)

— 1998. 「ネパールのサンスクリット語仏教文献研究－第41回学術大会における発表以後同定された断片について－」[On the Buddhist Sanskrit manuscripts in Nepal and the Nepal-German Manuscript Preservation Project] 『印度学仏教学研究』46-2.

— 2000, 「中観派を自称した密教者たち＝『秘密集会』聖者流の思想と実践体系－新出のSkt.写本*Vajrācāryanayottama*から回収されたtextを中心に－」[Self-Styled Mādhyamika Tantrist: The Thought and Practices of the Ārya school of the Guhyasamāja Cycle] (江島恵教博士追悼論集『空と実在』春秋社CD-ROMブック)

— 2007, 『曼荼羅グラフィクス』[*Maṇḍala Graphics*] (山川出版社)

— 2010, 『インドにおける曼荼羅の成立と発展』[*Genesis and Development of the Maṇḍala in India*] (春秋社)

— 2016, 『梵蔵対照　安立次第論研究』[*Samājasādhana-Vyavastholi* of Nāgabodhi/Nāgabuddhi] [日英版] (渡辺出版)

苫米地等流 [Tomabechi, Toru] 2004. 「いわゆる*Vajrācāryanayottama*につい

て—新出関連写本の紹介—」[On the so-called Vajrācāryanayottama: A Sanskrit manuscript of a related text]『密教図像』第23号

羽田野伯猷 [Hatano, Hakuyū] 1986. 『チベット・インド学集成』[Selected works on Tibetology and Indology] 第三巻,（法藏館）

松長有慶 [Matsunaga, Yukei] 1978. 『秘密集会タントラ　校訂梵本』 [*The Guhyasamāja tantra*]（東方出版）

【欧文】[Western Languages]

Bagchi, S. 1965. *Guhyasamājatantra*, Darbhanga: The Mithila Institute.

Bandurski, Frank. 1994. “Übersicht über die Göttinger Sammlungen der von Rāhula Sāṅkṛtyāyana in Tibet aufgefundenen buddhistischen Sanskrit-Texte (Funde buddhistischer Sanskrit-Handschriften, Ⅲ).” In Heinz Bechert, ed., *Sanskrit-Wörterbuch der buddhistischen Texte aus den Turfan-Funden*, Beiheft 5, 12–126. Göttingen: Akademie der Wissenschaften zu Göttingen.

Bendall, Cecil. 1905. *Subhāṣitasaṃgraha,* Louvain: J. B. Istas.

Chakravarti, C. 1984. *Guhyasamājatantra-pradīpodyotanaṭīkā*, Patna: K. P. Jayaswal Research Institute.

Cozort, Daniel. 1986. *Highest Yoga Tantra*, New York: Snow Lion Publications.

Jiang and Tomabechi. 1996. The Pañcakramaṭippanī of Muniśrībhadra, Berne: Peter Lang.

Mimaki and Tomabechi. 1994. Pañcakrama (Bibliotheca Codicum Asiaticorum 8), Tokyo: The Centre for East Asian Cultural Studies for Unesco.

Pandey, Janardan Shastri. 1997. *Bauddhalaghugrantha-samgraha*, Sarnath: CIHTS.

Pandey, Janardan Shastri. 2000. *Caryāmelāpakapradīpa*. Sarnath: CIHTS.

Pater, P. B. 1949. *Cittaviśuddhiprakaraṇa of Āryadeva*, Santiniketan: Visva Bharati.

Sāṅkṛtyāyana, Rāhula. 1935. "Sanskrit Palm-leaf Mss. in Tibet," J.B.O.R.S., Vol.XXI, Part1, Patna.

Tanaka, Kimiaki. 2009. "Nāgabodhi's *Śrī-guhyasamājamaṇḍalopāyikā-viṃśati-vidhi*—The Sanskrit Text Restored from the *Vajrācāryanayottama*—," *Genesis and Development of Tantrism*, Tokyo: Sankibō-busshorin.

— 2016. *Samājasādhana-Vyavastholi of Nāgabodhi/Nāgabuddhi*, Introduction and Romanized Sanskrit and Tibetan Texts, Tokyo: Watanabe Publishing Co., Ltd..

— 2018. *An Illustrated History of the Maṇḍala*, From Its Genesis to the Kālacakratantra, Somerville: Wisdom Publications.

Valée Poussin, L. de la. 1896: Etudes et textes tantriques Pañcakrama, Gand: H. Engelcke and Louvain: J. B. Istas.

Wayman, Alex. 1977. *Yoga of the Guhyasamājatantra*. Delhi: Motilal Banarsidass.

Wedemeyer, Christian K. 2007. Āryadeva's Lamp That Integrates the Practices (Caryāmelāpakapradīpa): The Gradual Path of Vajrayana, New York: Columbia University.

【中文】[Chinese]

中国藏学研究中心(CTRC) 1997.『丹珠爾』(対勘本) 第18巻, 北京: 中国藏学出版社.

Bibliography

あとがき

本書は、著者が2000年に、江島恵教博士追悼論集『空と実在』(春秋社CD-ROMブック、2000年)(春秋社)に寄稿した「中観派を自称した密教者たち＝『秘密集会』聖者流の思想と実践体系－新出のSkt.写本*Vajrācāryanayottama*から回収されたtextを中心に－」に大幅な増補改訂を施した、日英二カ国語版の研究書である。

著者は1988年から1989年にかけて、Nepal Research Centreの客員研究員としてネパールに留学し、Nepal German Manuscript Preservation Projectが撮影したマイクロフィルムを中心に、サンスクリット語の密教文献について広汎な調査を行った。

当時は、Nepal Research Centreに撮影されたマイクロフィルムのカードが保管されていたので、毎日研究所に出かけて、膨大なカードの中からめぼしい文献を抜き出してメモし、後日National Archivesに出かけて、マイクロフィルムを閲覧するという作業を繰り返した。

その中でも今回取り上げた*Vajrācāryanayottama*は、著者がネパール留学中にマイクロフィルムを取得した写本の中でも、とくに重要なテキストであった。すでに著者は、Bグループに属するNāgabodhi/Nāgabuddhiの『曼荼羅儀軌二十』*Śrīguhyasamājamaṇḍalopāyikā-viṃśatividhi*については多くの論文を発表してきたが、Cグループについては2000年に上掲論文を発表して以来、研究成果を発表することができなかった。

本書の「文献概説」で述べたように、ラーフラ・サーンクリトヤーヤナがチベットで撮影したサンスクリット写本の中から、

*Vajrācāryanayottama*の別写本と思われるものが発見された。ところが二つの写本は、前半の生起次第の部分では、大きく異なることが明らかになった。

K. P. Jayaswal Instituteにて（1989年）

著者はネパール留学中にパトナのK. P. Jayaswal Instituteを訪れる機会があり、研究員だったJagadishwar Pandey氏と、ラーフラ・サーンクリトヤーヤナがチベットで撮影したサンスクリット写本について情報交換をした。その時、Pandey氏は“Pañcakramādi”と呼ばれていたテキストに関心をもっていたが、今にして思えば、それこそが*Vajrācāryanayottama*のゲッチンゲン写本を含む一連の乾板だったのである。ところが著者は、それが『五次第』*Pañcakrama*とその関連文献であると聞かされていたので、その重要性を看過してしまった。そのため『秘密集会』「聖者流」の研究に関して、大変な遅れをとることになってしまった。まことに迂闊であったとしか、いいようがない。

そこで私は*Vajrācāryanayottama*全篇に亘る研究を断念し、究竟次第の部分のみを扱ったモノグラフを出版することにした。著者もすでに齢六十を過ぎたので、前半の生起次第についての研究は、次世代の研究者に託したいと思う。

本写本の研究では、Nepal Research Centreのスタッフなど、多くのネパール関係者のお世話になった。しかしNepal Research Centreはすでになく、多くの関係者も物故されたので、本書を進呈できないのが残念である。

また畏友ロルフ・ギーブル氏には、英文校閲だけでなく、種々の有益な助言を頂戴した。チベット大学（サールナート）のチャンバ・サムテン教授には、本書のチベット語要旨を翻訳して頂いた。さらに本書の刊行を引き受けられた(有)渡辺出版の渡辺潔社長にも大変お世話になった。末筆となって恐縮であるが、記して感謝の意を表したい。

2021年3月30日

著　者

Postscript

This volume is a Japanese-English bilingual version of an earlier article of mine on a Sanskrit manuscript, the *Vajrācāryanayottama*. The article, called "Self-Styled Mādhyamika Tantrist: The Thought and Practices of the Ārya School of the Guhyasamāja Cycle," was included in *Śūnyatā and Reality: Volume in Memory of Professor Ejima Yasunori* (CD-Rom; Tokyo, 2000), but its contents have been fully updated here on the basis of the latest research findings.

I was able to visit Nepal in 1988–89 as a visiting research fellow at the Nepal Research Centre, and taking advantage of this opportunity, I eagerly searched out Buddhist Sanskrit manuscripts. During my stay in Nepal, I visited the Nepal Resarch Centre almost daily and examined the index cards of manuscripts microfilmed by the Nepal German Manuscript Preservation Project, and I then went to the National Archives, Nepal, and browsed through microfilms that had attracted my interest in the reading room. Among the manuscripts for which I purchased the microfilm from the National Archives before leaving Nepal, the *Vajrācāryanayottama* was one of the most important.

I have already published several articles and books regarding the *Śrīguhyasamājamaṇḍalopāyikā-viṃśatividhi* by Nāgabodhi/Nāgabuddhi included in Group B of this manuscript. However, with regard to Group C of this manuscript, after the publication of the above-mentioned article, I was unable to publish any research on it.

Niṣpannakrama of the *Vajrācāryanayottama*

As is noted in the introduction to this volume, another manuscript of the *Vajrācāryanayottama* was identified in the Göttingen collection that Rāhula Sāṅkṛtyāyana photographed in Tibet. However, in the first half of the manuscript, which explains the *utpattikrama*, there exist considerable differences between the Kathmandu and Göttingen manuscripts.

During my stay in Nepal, I had the chance to visit the K. P. Jayaswal Institute in Patna. There I met Dr. Jagadishwar Pandey and discussed with him the Sanskrit manuscripts that Rāhula Sāṅkṛtyāyana had photographed in Tibet. At that time, Dr. Pandey was interested in a manuscript called *Pañcakramādi*. I am now convinced that it is nothing other than the bundle in which the Göttingen manuscript of the *Vajrācāryanayottama* was included. But I overlooked the importance of this manuscript at the time since I was informed that it consisted of the *Pañcakrama* and other related texts (*-ādi*). This was quite stupid of me, and consequently I fell behind in the study of the Ārya school of the *Guhyasamāja*.

I have abandoned the idea of publishing a study on the entire manuscript of the *Vajrācāryanayottama*, and instead I am publishing this monograph, which is limited to the second half of the text, in which the two manuscripts are in general agreement. Having turned sixty, I shall leave the study of the *utpattikrama* section to the next generation of scholars.

Lastly, I would like to offer my heartful thanks to all those who helped me during my studies in Nepal, including the former staff of the Nepal Research Centre, teachers, and friends. It is a shame that I will not be able to present a copy of this volume to them since most of them have already passed away and the Nepal Research Centre itself no longer exists. I also wish to express my heartful gratitude to Mr. Rolf W. Giebel, who oversaw the English translation and gave me helpful advice; Prof. Jampa Samten of Central University of Tibetan Studies (Sarnath), who translated the Tibetan summary; and Mr. Kiyoshi Watanabe, the president of Watanabe Publishing Co., Ltd., who undertook to publish this book with great care.

30 March 2021

Kimiaki TANAKA

著者略歴

田中公明(たなかきみあき)

1955(昭和30)年、福岡県八幡市(現北九州市)生まれ。東京大学文学部卒(印度哲学専攻)、1984年同大学大学院博士課程満期退学。同大学文学部助手(文化交流)を経て、1988年(財)東方研究会[現(公財)中村元東方研究所]専任研究員。2008年、東京大学大学院より博士[文学]号を取得。2013年、学位論文『インドにおける曼荼羅の成立と発展』(春秋社)で鈴木学術財団特別賞を受賞。2018年にはWisdom Publicationsから、その英語版An Illustrated History of the Mandalaも刊行された。

東京大学(1992, 1994～1996, 2001～2004年)、拓殖大学(1994, 1998年)、大正大学綜合佛教研究所(2016年)、高野山大学(2016年)、慶應義塾大学(2001～2020年)等で非常勤講師、北京日本学研究センター短期派遣教授(2003, 2010年)を歴任。現在(2021年)、富山県南砺市利賀村「瞑想の郷」主任学芸員、チベット文化研究会副会長。東京国立博物館客員研究員(2016年～)、東方学院講師(2001年～)、東洋大学大学院講師(2017年～)[非常勤]、高野山大学(通信制)客員教授(2020年～)、ネパール留学(1988～89年)、英国オックスフォード大学留学(1993年)。韓国ハンビッツ文化財団学術顧問(1997～2015年)として、同財団の公式図録『チベット仏教絵画集成』第1巻～第7巻(臨川書店)を編集。密教、仏教図像、チベット学に関する著訳書(共著を含む)60冊、論文とエッセイ約160点。

詳しくは下記を参照。

http://kimiakitanak.starfree.jp/

https://www.youtube.com/channel/UCG1K_3Zcs8JWYn7WDKXuVqQ/videos

About the Author

Kimiaki TANAKA (b.1955, Fukuoka) is a research fellow at the Nakamura Hajime Eastern Institute, Tokyo. He studied Indian Philosophy and Sanskrit Philology at the University of Tokyo. He received a doctorate in literature from the University of Tokyo in 2008 for his dissertation entitled "Genesis and Development of the Maṇḍala in India." It was published in 2010 by Shunjūsha with financial support from the Japan Society for the Promotion of Science and was awarded the Suzuki Research Foundation Special Prize in 2013. In 2018, an English version of the dissertation, *An Illustrated History of the Mandala,* From Its Genesis to the *Kālacakratantra* was published from Wisdom Publications in USA.

He has been lecturer at the University of Tokyo, at Takushoku University, at the Institute for Comprehensive Studies of Buddhism, at Taisho University (Genesis and Development of the Mandala) and at Keio University (Buddhist Iconography) teaching Tibetan as well as courses on Buddhism. He studied abroad as a visiting research fellow (1988-89) at Nepal Research Centre (Kathmandu) and held a Spalding Visiting Fellowship at Oxford University (Wolfson College) in 1993. As a visiting professor, he gave lectures on Sino-Japanese cultural exchange at Beijing Centre for Japanese Studies in 2003 and 2010.

From 1997 to 2015, he was the academic consultant to the Hahn Cultural Foundation (Seoul) and completed 7 vol. catalogue of their collection of Tibetan art entitled *Art of Thangka*. He is presently (2021) a visiting professor at Koyasan University (Genesis and Development of the Mandala) and lecturer at Tōhō Gakuin, and in graduate course at Toyo University (Esoteric Buddhism).

Niṣpannakrama of the *Vajrācāryanayottama*

He is also chief curator of the Toga Meditation Museum in Toyama prefecture, a visiting reserch fellow of Tokyo National Museum and the Vice-President of the Tibet Culture Centre International in Tokyo. He has published more than 60 books and 160 articles (including essays) on Esoteric Buddhism, Buddhist Iconography and Tibetan art.

http://kimiakitanak.starfree.jp/

https://www.youtube.com/channel/UCG1K_3Zcs8JWYn7WDKXuVqQ/videos

『金剛阿闍梨最上理趣』の究竟次第

令和3年8月18日　第一刷発行

著　者　田中公明

発行者　渡辺 潔

発行所　有限会社渡辺出版
〒113-0033
東京都文京区本郷5丁目18番19号
電話　03-3811-5447
振替　00150-8-15495
印刷所　シナノ書籍印刷株式会社

ISBN978-4-902119-35-0

Niṣpannakrama of the Vajrācāryanayottama

— Introduction, Romanized Text and Related Studies —

Date of Publication: 18 August 2021

Author: Kimiaki Tanaka

Publisher: Watanabe Publishing Co., Ltd.
5-18-19 Hongo, Bunkyo-ku
Tokyo 113-0033 Japan
tel/fax: 03-3811-5447
e-mail: watanabe.com@bloom.ocn.ne.jp
Printer: SHINANO BOOK PRINTING Co., Ltd.

Distributor (Outside of Japan): Vajra Publications,
Jyatha, Thamel, P.O. Box : 21779, Kathmandu, Nepal
tel/fax: 977-1-4220562
e-mail: vajrabooks@hotmail.com

©Kimiaki TANAKA 2021 Printed in Japan
ISBN978-4-902119-35-0

渡辺出版の本
―田中公明著書・編書一覧(2021年8月現在)―

梵蔵対照『安立次第論』研究

『秘密集会』「聖者流」の基本典籍『安立次第論』のサンスクリット原文を、ラーフラ・サーンクリトヤーヤナがチベットで撮影した写本と、その他の引用文献に基づき、世界で初めて復元した。

A5判・152頁・定価3,300円(本体3,000円＋税)・2016年8月刊

梵文『普賢成就法註』研究

著者がネパール留学中に発見した『秘密集会』「ジュニャーナパーダ流」の基本典籍『普賢成就法』のサンスクリット語註のローマ字化テキストを収録し、和訳・英訳を付した。

A5判・156頁・定価3,300円(本体3,000円＋税)・2017年7月刊

梵文『文殊金剛口伝』研究

『秘密集会』「ジュニャーナパーダ流」に基づく文殊菩薩の密教的形態、文殊金剛の成就法のサンスクリット写本を収録し、筆者が同定した東京大学所蔵写本（カトマンズ写本の内容を３分の１程度に圧縮したもの）と対照した。

A5判・108頁・定価3,300円(本体3,000円＋税)・2018年9月刊

敦煌出土　忿怒五十八尊儀軌

忿怒五十八尊は、「チベット死者の書」の名で知られるチベット仏教ニンマ派の埋蔵経典「バルド・ドゥードル」に登場する尊格群である。敦煌から出土した吐蕃占領時代の貴重な写本をチベット文字で復刻し、関連する研究とともに収録した。

A5判・113頁・定価3,300円(本体3,000円＋税)・2020年6月刊

『金剛阿闍梨最上理趣』の究竟次第

（＝本書）A5判・103頁・定価3,300円(本体3,000円＋税)・2021年8月刊

【近刊予定】蔵漢対照『大悲心陀羅尼経』

『大悲心陀羅尼経』は千手観音信仰の根本聖典で、『千手経』と通称される。同書では『チベット大蔵経』の中から、漢訳（伽梵達摩訳）から重訳された法成訳以外のチベット訳二篇を漢訳と対照させて刊行し、関連する研究論文も合わせて収録した。

A5判・120頁予定・定価3,300円(本体3,000円＋税)・2021年秋刊行予定

ラダック・ザンスカールの仏教壁画
(監修：田中公明、撮影：森一司、編集：大岩昭之)

ラダック・ザンスカールに魅せられた医師の森一司氏が、半生をかけて撮影した西チベット仏教壁画の写真集。現在は撮影禁止となっているアルチ寺の三層堂や大日堂の壁画などを多数収録する。日本図書館協会選定図書。

B5判・上製本・230頁(カラー160頁・モノクロ70頁)・掲載写真242枚
・定価6,050円(本体5,500円＋税)・2011年7月刊

藤田弘基アーカイブス―仏教美術遺作写真データベース―
(編纂：田中公明)

山岳写真家として有名な藤田弘基氏が、インド・パキスタン・ネパール・ブータン・チベット自治区で撮影した仏教美術の写真5000点あまりをデータベース化。重要な作品20点を、カラー口絵として掲載。

A4判・上製本・502頁(カラー16頁・モノクロ486頁)
・定価8,800円(本体8,000円＋税)・2020年8月刊